中国学生发展核心素养教育教学丛书

崔广胜　苗成彦 ◎ 主编

"素养·活动"教育论

崔广胜　苗成彦　著

中国海洋大学出版社

· 青岛 ·

图书在版编目(CIP)数据

"素养·活动"教育论 / 崔广胜,苗成彦著. —青岛:中国海洋大学出版社,2021.9

(中国学生发展核心素养教育教学丛书 / 崔广胜,苗成彦主编)

ISBN 978-7-5670-2937-8

Ⅰ.①素… Ⅱ.①崔…②苗… Ⅲ.①中小学生—素质教育—研究 Ⅳ.①G631

中国版本图书馆 CIP 数据核字(2021)第 192454 号

出版发行	中国海洋大学出版社		
社　　址	青岛市香港东路 23 号	**邮政编码**	266071
出 版 人	杨立敏		
网　　址	http://pub.ouc.edu.cn		
电子信箱	369839221@qq.com		
订购电话	0532—82032573(传真)		
策划编辑	韩玉堂	**电　　话**	0532—85902349
责任编辑	韩玉堂		
印　　制	日照报业印刷有限公司		
版　　次	2021 年 10 月第 1 版		
印　　次	2021 年 10 月第 1 次印刷		
成品尺寸	170 mm×240 mm		
印　　张	12.5		
字　　数	222 千		
印　　数	1～3600		
定　　价	68.00 元		

序　言

中国学生发展核心素养落地的区域行动

山东省临沂市罗庄区始终坚持素质教育办学方向不动摇,围绕学生发展核心素养培育这一主线,沿着"自主、能动、创新、发展"主题,不断探索课堂教学改革发展规律,从传统课堂到自能高效课堂,再到"素养·活动"课堂教学,初步构建形成"素养·活动""五化"课堂教学范式。全区中小学课堂教学整体格局显现根本性变化,正在实现着课堂转型、教研转型、课程建设转型、评价转型、学校转型,课堂教学范式正由 1.0 向 3.0 的升级版跃迁。

一、为什么是"素养·活动"教学改革

2016 年 9 月 14 日,随着《中国学生发展核心素养》正式发布,中国基础教育进入素养时代。如何从区域层面落实核心素养? 核心素养落地的机制是什么?

2020 年 3 月,临沂市罗庄区动员全区力量启动了"素养·活动"教学改革工程,这项工程从酝酿、策划到立项,再到方案研制和实验活动推进,始终坚持学生立场、素养立意,坚持质量导向、价值导向、结果导向。

区域推进"素养·活动"教学改革,是基于古今中外先进的活动教育理论做指导;在实践层面,我国的教学改革分别从学科、课程、学校层面作了改革探索实践。但是,这些实践由于不能以活动为机制,将素养与活动统整到质量提升和立德树人这个轨道上,所以不能引起课堂教学整体格局性变革。

基于此,"素养·活动"教育理念,把国家课程校本化实施,把学科课程和活动课程的整合,把五育融合,把研训教一体化,把教学评或教学考一致性,把先学后教、以学定教、以学论教,把特色学校建设与全面发展目标的实现,把素质教育在学校的落地……都将变成现实!

二、区域如何推进"素养·活动"教学改革

(一)构建更加专业的研究组织

根据自主申报、教研员推荐、集体研究,确立全区中小学"素养·活动"教学改革首批课改实验学校、学科课改实验基地、核心组成员、课程建设样板校,作为区域推进"素养·活动"教学整体改革的组织机构和实施载体。

学校也应根据自己的实际发展需要,相应架构学校改革实验核心组、实验班级(年级)、实验学科,加强"素养·活动"教学改革实验的重点学科、重点部位、重点人物和重大问题的研究与挖掘培育工作,充分发挥实验校、学科基地、核心组和样板校的典型示范引领作用,确保改革实验早出成果、快出成果、出好成果。

(二)确立区域课改"七大主张"

课堂教学改革是一项最难攻克的改革难题,也是最不容易获得预期改革成果的综合改革,课堂教学改革牵一发而动全身。为此,课改核心组经过深入研究,反复论证形成了区域推进"素养·活动"教学改革实验七大教改主张:区域统筹、行政引领、学校主导、专业支撑、双线并行、典型带动、全员参与。

(三)确定教学改革"十大任务"

着力构建学段(学科)课堂教学范式,遴选和提炼学科"素养·活动"教学改革实验先进教学经验,确定"素养·活动"教学改革实验龙头课题,建立学段学科研究基地,遴选和培育100个典型课例,启动建设名师工程,实现区域和校本教研转型,开展特色教师遴选和培育活动,启动名校及名校长建设工程,总结和提炼"素养·活动"教学改革成果。

(四)扎实推进"六大工程"建设

区域以实验学校为依托、以学科基地为平台、以核心组成员为首席,团结一切力量重点启动六大工程:启动新课堂建设工程,集中打造"活力课堂""思维课堂""卓越课堂"基本范式;启动实验学校、学科课改基地建设工程,实验学校、学科课改基地、核心成员研究制订实验实施方案;启动基于素养发展的名师名校

名校长工程；启动典型课例研究和特色课堂建设工程；启动特色教师培育工程，举办特色教师学科研讨会；启动改革成果培育总结、典型提炼和经验推广工程，做到成熟一个推广一个。

三、"素养·活动"教学改革怎么样

办更高质量的教育，要求我们必须走素养引领的教学改革之路，使质量优者更优，中等变优，差等变好，共同向着美好教育前行。"素养·活动"教学改革历经近两年时间，一些理论成果、实践成果等陆续显现，一系列理论假设逐步得到验证。

（一）"素养·活动"教学改革实践效果

1. 全区中小学特别是首批实验学校先行先试，初步探索出"素养·活动"教学改革推进策略，形成了各具特色的课堂教学研究、实践创新之路。具体表现为以下几个层面的变化：一是聚焦育人模式的学校教育整体改革，少部分学校坚持以素养引领、培养全面发展的人为根本指向，从学校特色确立、文化建设、课程建设、课堂范式重构、评价变革等方面，整体推进"素养·活动"教学改革，走出了"课程与课堂双线并行"改革之路，学校师生的思想、精神面貌、行为方式和课堂面貌等发生了较大变化；二是聚焦培养目标的学校课程建设改革，一部分学校以核心素养为引领，因地制宜、因校制宜开发校本课程，通过优化学校课程结构，推进"素养·活动"教学改革，活跃了课堂氛围，拓展提升了学生素养，教师的课程素养也得到了同步提升；大部分学校坚持把课堂教学作为落实核心素养的主阵地，根据学校学科发展优势和强项，对国家规定的学科课程有针对性地选择代表性教师开展"素养·活动"教学改革实验，有些学科教学已初步显现出转型性变化，多数教师的课堂形成了新样态；有些学校选择在本校特别突出的优势学科开展"素养·活动"教学实验，表现出强劲的改革发展势头，初步显现出新课堂的新样态和新范式。

2. 全区中小学教师的思想观念、精神面貌，专业素养结构、专业水平和教学创新能力等，都得到了不同程度的提升，改革使教师队伍整体状况发生着可喜的变化，在教师中间正在发生或将要发生一场"静悄悄的革命"。从参加市区优质课获奖情况看，因"活动教学"让课堂更出彩，一等奖稳居全市鳌头。

3. 全区中小学新课堂样态、新课程样态、新学校样态，如雨后春笋般地苗壮成长,催生一批新的成果。这突出表现在:"教师中心"的课堂逐渐退役,逐渐被老师们所扬弃,代之而起的是"学习中心"课堂,学生真正成为学习的主人。"先学后教,以学定教,以学评教"的理念正在转化为每位教师的实践行动。全区整个课堂教学状态发生了可喜变化,课堂品质呈现出从1.0到3.0的跃升。

4."素养·活动"教学改革课题规划设计的总体方案、活动学习案、评价导引、课程活动化方案等的形成,凝练形成了本土的改革方法论,是一种系统集成,是改革的组合拳。

(二)"素养·活动"教学改革实践意义

事实证明,以区域为单位整体推进"素养·活动"教学改革,以课堂根本转型实现教育质量再提升,不失为治本之策。与全国情况相比,业内许多教育工作者要么停留于理论研究,要么止步于单一学科教学改革实验,不能动摇课堂教学内部的"大动脉",不能更加有效地通过核心素养落地促进立德树人落地。从这个意义上看,这项改革基于质量导向、根于区域文化、审视教育实际、占领改革前沿,充分体现出改革的未来方向和蓬勃的生命力量。

大道之行也,天下为公。"办更有质量的教育"不是一句空洞的口号,"素养·活动"教学改革实验,也不是空穴来风,更不是心血来潮,它代表着滚滚向前的历史潮流:从杜威到陶行知,从田慧生到陈佑清,从自主合作探究、三维目标到核心素养,从国外到国内,从古代到今天,沿着立德树人、质量提高的方向一路向前。今天,在临沂市罗庄区找到了一条接地气、易操作、成本低、见效快的课堂教学改革之路——以生为本、基于生命、聚焦成长、全面发展的"素养课堂教学"之路,既是当下之需,更是未来所向。

这仿佛是历史的召唤、时代的召唤、理想的召唤!

这是一场没有终点的改革,它将与中国社会的现代化进程紧密地交织在一起。我们相信,任何一点小的努力,都可能使作为"基础"的教育对整个社会的进步产生重大影响。

我们期待核心素养在中国的课堂上真实地生长!

崔广胜

2021 年 7 月

目　录

第一章 "素养·活动"教育导论

2014年3月30日,教育部印发了《关于全面深化课程改革 落实立德树人根本任务的意见》(以下简称《意见》),将核心素养体系置于深化课程改革、落实立德树人目标的基础地位,成为深化课程改革、落实立德树人工作的"关键"。《意见》明确要求"研究提出各学段学生发展核心素养体系,明确学生应具备的适应终身发展和社会发展需要的必备品格和关键能力,突出强调个人修养、社会关爱、家国情怀,更加注重自主发展、合作参与、创新实践。""核心素养"概念的首次提出,标志着中国基础教育课程第八次改革进入了"素养论"高级阶段。[①]它引领中小学将改革重心转到核心素养立意的课堂教学改革轨道,促进人的全面发展,区域教育行政部门理应做出科学回应并采取正确行动。以开放创新为标志的山东省临沂市罗庄区对核心素养积极落地实践,率先提出并建立"素养·活动"教改系统,经过深入研究与实验,形成了基础教育系列研究成果,为区域推进立德树人根本任务落地提供了成功范例。

一、促进人的全面发展:"素养·活动"教改核心追求

2016年9月14日,随着《中国学生发展核心素养》的正式发布,中国基础教育进入素养时代。素养立意的教学如何突破传统,有效解决"培养什么人、怎样培养人和为谁培养人"的根本问题,成为各级教育行政部门和各级各类学校深入思考的焦点。党和国家对人才培养的总体要求是明确的,实现人才培养模式的根本转型迫切要求育人目标要进一步具体,素养导向性要进一步加强,这就要求教师要树立新的质量观,注重德智体美劳全面培养,提升素养,而不只是知识,应以素养引领来提升教育质量。然而,由于学校教育体制和社会分工的原因,现实中的教师角色却往往成为"单打一"的角色,教学者不问教育之事,教育

[①] 林崇德. 中国学生发展核心素养:深入回答"立什么德、树什么人"[J]. 人民教育,2016(19):14-16.

者不管教学之事。认为抓教学成绩就不可能提高学生素质,抓学生素质提升就不可能有好的教学成绩。这种现象反映在教学论和教育学上把"教育和教学"割裂开来,不承认"教育的教学性""教学的教育性"。其实,教学成绩与立德树人是学校教育一体两面的事情,教学成绩与立德树人应该兼得、必须兼得、能够兼得。

(一)"素养·活动"教学改革的必要性

面对素养时代带来的挑战和机遇,如何实现教学成绩与立德树人两者兼得?临沂市罗庄区确立"区域推进基于核心素养的活动教学整体改革实验"研究(以下简称"素养·活动"教学改革)重大课题,坚持以区域为单位、以学校为基地、以学科为载体、以活动为机制,以"素养·活动"教学改革撬动区域教育发展,推动实现教学成绩和立德树人根本任务二者兼得。这是我国基础教育课程发展到一定阶段的内在需要,是一个区域教育优质转型发展的客观要求,也是新时代推进美好教育发展的必然选择。

1. 基础教育课程改革与发展的内在需要

推进基于素养的活动教学改革,是以县为主区域推进基础教育课程改革与发展的必由之路。进入21世纪,我国基础教育经历了三次课程改革。第一次是2001年开始,以《基础教育课程改革纲要》颁布为标志,倡导"自主、合作、探究"教学方式改革。第二次是以《义务教育19个学科课程标准》和《高中课程标准》颁布为标志,落实"知识技能、过程方法和情感态度价值观"三维目标。第三次是以2014年中共中央、国务院颁布《深化课程改革 落实立德树人根本任务的意见》和《中国学生发展核心素养》发布为标志,大力推进学生发展核心素养在普通高中和义务教育阶段实施,促进立德树人根本任务的落实。

人的素养发展与人的活动具有密切关联性,而从"自主、合作、探究"到"三维目标",再到"学生发展核心素养",贯穿其中的主线是活动,是整体实现既提高教学质量又落实立德树人目标的根本保证。实践证明,这个目标依靠"传递—接受"式知识教学不能完成,依靠单纯的课程建设不能实现,依靠片面管理改革也无法实现,依靠死记硬背和"题海战术"更不能完成……只有依靠"素养·活动"教学改革,推进学生发展核心素养的培育,激发和提高学生内在潜能,才能达成这个目标。实践育人、活动育人是未来教育发展的主流方向,"素养·活动"教学改革是基础教育课程改革的内在需要。

2. 新时代美好教育实现的呼唤

进入新时代,我国社会主要矛盾已发生了根本的变化,即由人民日益增长的物质文化生活需要与落后的社会生产力之间的矛盾转化为人民对美好生活的需求与发展不平衡不充分之间的矛盾。对教育而言,教育主要矛盾变化突出表现为人民对美好教育的需求与教育发展不平衡不充分之间的矛盾。满足人民对美好教育的需求要通过促进每个学生的爱好、兴趣、潜能等方面更加充分、全面、自由地发展,进而实现每个学生的可持续发展和全面发展。

2012年党的十八大首次提出"立德树人",到2014年3月30日教育部印发《关于全面深化课程改革 落实立德树人根本任务的意见》,首次以文件形式提出"核心素养",接着2016年发布《中国学生发展核心素养》,通过培育学生发展核心素养,落实立德树人根本任务,促进学生的全面发展。

2017年10月,党的十九大又把"发展素质教育"列为教育发展的重中之重。2018年全国教育大会召开,确立了德智体美劳"五育并举"的全面发展的教育方针。2019年颁布的《关于深化教育教学改革 全面提高义务教育质量的意见》要求我们坚持"五育并举",全面发展素质教育,促进教育更加均衡、更加充分地发展。全面发展作为美好教育所追求的目标,首先是人的活动的全面发展,没有活动的全面发展就没有人的全面发展。要实现这一根本目标,必须全面而深入地推进"素养·活动"教学改革,大力实施学校课程建设和特色化办学,不断提升教学质量和育人水平,积极回应新时代对美好教育的呼唤。

3. 区域教育转型和内涵发展的客观要求

区域推进"素养·活动"教学改革是在临沂市罗庄区"自能高效"课堂教学改革实验基础上,确立的一项以区域为单位、以教学改革为核心的基础教育综合改革。区域推进"素养·活动"教学改革强调,能动活动对于学生素养发展的作用,是探索学生发展核心素养形成与发展规律的重要途径。其中,活动是学校特色发展项目的重要来源,是学校特色的生长点。要通过大力培植特色"活动"或"项目",推进特色学校建设,促进学生发展核心素养的落地。

2020年1月,临沂市罗庄区确立了当前和今后一段时间内区域教育发展目标,即整体推进品质教研、品质教师、品牌学校和质量高位。要实现这个目标,主要依靠"素养·活动"教学改革,发挥"素养·活动"教学改革对学校特色化发展、课程建设、德育改革、教育科研、学校管理、教师专业发展等的整合与统领作用,撬动全区基础教育的整体转型,大面积提升教学质量,落实素质教育和立德树人根本任务,促进中小学内涵发展和优质发展,实现从"有学上"到"上好学"的美好教育实践。因此"素养·活动"教学改革是区域教育未来发展的必然抉择。

(二)"素养·活动"教学改革的可行性

区域推进"素养·活动"教学改革坚持以区域为单位整体推进课堂教学改革,符合国家确立的义务教育以县为主的管理体制,体现了新时代教育发展的本质要求,反映了素质教育的根本要求和学生素养形成与发展规律,是落实立德树人根本任务的基本要求。

1. "素养·活动"教学改革的理论与实践探源

我们知道,世界上的教学有两种形式,即传递式教学和活动式教学。与活动式教学相对的是传递式教学,传递式教学走向了死胡同。"素养·活动"教学改革倡导二者的有机结合,坚持以传递式教学为辅,以活动教学为主、以学习为中心的素养教学。从教学形态选择上,"素养·活动"教学是未来教育的必然选择。

只有站在巨人肩上,才能实现更高更好的飞翔。

区域推进"素养·活动"教学改革,我们必须借鉴先进的活动教育理论。在国外,从维果茨基的"心理发展的文化—历史理论"、列昂捷夫的"活动理论"、达维多夫的"再现学习与心理发展"理论,再到杜威的"儿童生长发展机制"、皮亚杰的认知发展理论,都对活动教学与发展具有深刻的研究价值。在国内,从陶行知的生活教育理论和"教学做合一"主张、陈鹤琴的活动化教学思想、叶澜的"新基础教育理论"、郭思乐的生本教育理论、朱永新的"新教育",再到后来的田慧生活动教学理论等,这些理论在继承和发扬国外活动理论成果基础上,围绕学生"活动""学习""发展"推动活动理论研究和活动教学改革实验,有的亲身研究,有的亲自实践,取得了许多研究与实践成果,为推进"素养·活动"教学改革实验提供了有益的指导。①

在实践层面,我国的教学改革开始于 20 世纪 70 年代末至 80 年代中期。学科方面,有魏书生、邱学华分别从语文、数学的课堂教学改革,分别创立了"六步教学法""尝试教学法";卢仲衡的中学数学自学辅导教学法、黎世法的异步教学法、上海育才中学的"八字教学法"等。学校层面,有洋思中学的"先学后教,

---

① 陈佑清. 学习中心教学论[M]. 北京:教育科学出版社,2019:41-52.

当堂训练"的课堂教学结构改革;杜郎口中学的"三三六"模式。对于大学研究者主持的课堂教学深度变革,先有华东师大叶澜教授主持的"新基础教育"的课堂教学改革,1997年发出"让课堂焕发出生命活力",提出培养学生主动健康发展的目标,主张"教结构、用结构","学科教学整体策划""长程两段"教学设计,强调焕发学生的生命活力;后有华南师大郭思乐的"生本教育",价值观是一切为了学生,伦理观是高度尊重学生,行为观是全面依靠学生,在课程观和教学过程观上,都是强调回归符号实践、先做后学、先学后教、以学定教和讨论学习等;再有北师大裴娣娜和华中师大杨小微的"主体教育"教学改革实验等。① 以上这些教学流派由于不能以活动为机制将素养与活动统整到质量提升和立德树人这个轨道上,所以不能引起课堂教学整体格局性变革。

区域推进"素养·活动"教学改革必须坚持以马克思主义作为根本指导思想,自觉运用马克思"大唯物史观"和劳动实践辩证法,深入发掘学生素养形成的活动机理,对"素养·活动"教学机制、素养内涵与特征、活动特性等方面进行了系统研究和整体设计,旨在构建活动教学一体化育人机制。

2."素养·活动"教学改革的内在机理

学生素养(素质)发展和学习成绩与活动具有高度的相关对应性、与活动有着密切的关联性,如创造性素养、游泳技能素养等只有在创造性活动、游泳活动中才能形成发展,绝对不可能在单一知识学习活动中获得。人的发展或素养的形成要经过"主体客体化"和"客体主体化"的过程。因为有了生命的"活动",也就有了连接主体与客体之间通道。② 有了活动做支撑,教育就有了整体性的回归,我们的学校既不存在无教育的教学,也不存在无教学的教育。因为有了文化的"活动",我们就能打通德育、智育、体育、美育、劳育,实现"五育并举"的育人思想,就能打通学科之间的壁垒,就能打通学段之间的隔阂,就能打通学校、家庭和社区之间的鸿沟。因为有了这些"打通",我们就可以完全构建一个"全社会教育",我们的学校教育就不再是一个"孤岛",教学质量和立德树人就自然是一件"一体两面"的事,我们的教育从此以后就会更加有尊严。因此,我们应该构建一种基于素养形成的教师教导机制:通过活动机制或通道,促进教学的教育性和教育的教学性的实现,促进教学质量的提高和立德树人协同发展、一体发展。

---

① 陈佑清. 学习中心教学论[M]. 北京:教育科学出版社,2019:86-122.
② 陈佑清. 在与活动的关联中理解素养问题[J]. 教育研究,2019(06):64-67.

活动是从生命里生发出来的,是人的活动,更是生命的活动,包括身体的和精神的、生理的和心理的活动,同时也是文化性的活动,是整体性的能动活动。人类三大活动是"主体—客体"活动、"主体—主体"活动、"主体—自我"活动,具体包括"物质操作、自然探究、社会考察、艺术实践、师生交往、阅读交往、生生交往、自我反思、道德修养和自我评价"等活动。因此,对活动教学要有基于生命、基于文化、基于素养的整体思考和系统建构。

3. "素养·活动"教学基本理念

"素养·活动"教改是指向人的全面发展,落实立德树人根本任务的真实行动。根本问题在于如何实现学科核心素养落实到学生身上,形成学生发展核心素养。

"素养·活动"课堂关键要素:素养(目标)、"素养·活动"、内容、任务、活动、情境、资源、评价等。

"素养·活动"教学是一种理念和思想。"素养·活动"一词受华东师范大学叶澜教授关于"生命·实践"教育学派的启发,研究形成了"素养·活动"教学概念,"素养·活动"是一个完整、固定的概念,是落实学生发展核心素养的一种理念、一种思想。其核心要义是,为了素养、基于素养,在活动中形成和发展素养。它与核心素养、素质教育一脉相承,它以整体性生命为基本单位,基于人的可持续发展,最终实现人的全面发展、立德树人根本任务落地。

"素养·活动"教学既是一种主张,也是一种策略、路径。其内涵博大精深,源于活动教学,高于活动教学。"素养·活动"教学改革实验将会实现教育的真正转型发展。

"素养·活动"教学改革实验实现特色办学、课程建设、课堂教学、教师和学生德育、评价评估的全面整合,指向全人的可持续发展。

坚持以学习为中心,先学后教、以学定教、以学评教,一切为了学生发展核心素养,为了核心素养的形成与发展。

从活动教学、活动化教学,再到"素养·活动"教学,逐渐成为区域教改理念和课改思想。

4. "素养·活动"教学改革的整体设计与系统规划

区域推进教学改革必须聚焦学生发展核心素养,要从整体层面推进课堂教学的整体结构的根本性变革,统筹推进"素养·活动"教学改革,促进课堂教学整体格局发生根本性转型。这项实验立足本区实际,坚持"行政推动、学校主体、人人参与"的原则,既与罗庄区教育全局工作密切配合,又与区研训计划、全局教育发展规划衔接一致,也与学校整体工作紧密沟通,有力地增强了不同主体的责任意识与能力,这为实验取得成功提供了根本性的保障。

(1)实施顶层设计。这次改革是基于素养立意的,必须站在素养时代坐标上,认真吸取过去的经验和教训,结合经济社会发展新形势,采取"自上而下"和"自下而上"有机结合方式,对"素养·活动"教学改革实验进行整体规划与系统设计,形成科学的实践推进体系。通过召集学科核心组、学校核心组,多次举行研讨会、辩论会,开展头脑风暴,广泛征求意见,最后达成共识,形成了普遍性的价值认同。我们一致认为,只有研究形成"素养·活动"教学思想和区域"素养·活动"教学范式,才能实现学校教学根本转型,实现由"教师中心"向"学生中心"的转变,由"知识中心"向"素养中心"的转变,由"课堂中心"向"学习中心"的转变。

一是开展问卷调查。本次改革实验结合其影响变量,设计包括课堂教学、教学理念、学生培育、教师发展、教改支撑、改革认识等六大领域 40 个问题。使用"问卷星"调查,并对收回的调查问卷进行了深入分析。

二是组织与思想准备。前期,组建理论研究和方案研制核心组、学科核心组,以及学校改革实验组织,全区初步凝聚形成了集体攻关研究团队,这为全区进行改革构架了组织基础。

在问卷调查基础上,研究形成了系统方案,研制形成了"区域推进基于核心素养的活动教学改革实施方案",包括价值意义、指导思想、可行论证、研究项目、组织结构、保障机制等,以此作为区域和学校推进活动教学改革的总的指导思想,确保了顶层设计的可行性和可操作性,为有效推进改革实验打下了思想基础。

三是理论准备。理念先行、理论武装是这次改革的重要主张,坚持每天在教研群里推送素养教学理论文章,提供了近百篇有关文章。同时,课改组编辑两本《现代教研》专辑,为加强学习、研究提供了丰富的资源。按照"素养·活动"教学改革设计框架与程序,及时与华中师范大学陈佑清教授沟通,并邀请他作"基于学生核心素养的活动教学"的学理报告,聘其为这项改革实验的理论导师。

(2)打好教改组合拳。马克思主义劳动实践辩证法有这样一个通用公式:目的(需要)→方案→评估。这是一个从唯物到唯心,又从唯心到唯物的"大唯物主义"思想,即从需要或目的到方案制订、到效果评估的闭环式链条。①

据此,依据"素养·活动"教学改革要求,研制形成了基于"素养·活动"教学的学校行动研究实施方案、基于"素养·活动"教学的学科行动指导方案、基于"素养·活动"教学的活动学习案、基于"素养·活动"教学评价导引方案、基于"素养·活动"教学的学校课程活动化实施方案等五个方案。

课题研究的创新之处,全部凝结在实验方案的整体设计、研制过程中。这些方案从学校特色、课程建设、学科指导、教案改革到课堂评价改革,为这次实验研究打出了一套组合拳,为学校、教师和学生搭建了特色发展和素养发展平台;为教学质量提升、立德树人落地创造了有效机制;为实现课堂转型、教研转型、学校转型找到了突破口;为区域基础教育内涵发展、质量提升、品牌建设指明了方向,也为改革实验成功奠定坚实基础。

(3)夯实实验基础。这次实验起初,一方面,学校自愿报名和区域遴选相结合,分类分层选拔16处学校先行实验、先行研究,形成了卓有成效的基于核心素养发展的"素养·活动"教学改革方案;另一方面,学科层面研究形成中小学学科"素养·活动"教学指导纲要和学科教学"活动学习案",这在学校和学科层面形成了广泛共识。

5."素养·活动"教学改革的特点

这项改革实验研究是一项综合研究,具有以下特点。

(1)调查研究。问卷调查、经验调查。对全区中小学教师进行全面调查,真实反映以前课堂教学面貌、教学现状、教师和学生状况;对全区优秀教师的先进经验进行调查,用于原始经验筛选和"纯粹经验"的提炼,作为实验假设和实验对照。

(2)文献研究。如卢梭的自然教育、杜威的"做中学"、列昂捷夫的活动理论、皮亚杰的发生认知论、陶行知的"生活教育""教学做合一"、陈鹤琴的活动化教学、叶澜的"新基础教育理论"、郭思乐的生本教育理论、朱永新的"新教育"、田慧生的活动教学理论等。

(3)实验研究。教育研究的生命是实验研究。这是一项整体改革实验,涉及众多因素的科学的实验,符合实验的五项标准:有明确的实验目标;有确定的实验因子;对变量有严格的控制;实验的效果有量化分析;实验有高度的客观性,能揭示事物的因果关系。

---

① 安启念. 通往自由之路——马克思哲学思想研究[M]. 北京:中国人民大学出版社,2016:332.

（4）行动研究。对外来讲,将组织研究人员（区核心组、教研员和中国教科院、华中师大、山师大教授）与校长和一线教师的面对面研究,让理论与实践真实对接、有效落地。就内部而言,学科教研员与一线教师互动,初步形成"基于素养发展的活动教学改革"行动研究方案。

（5）政策研究。以区域教育发展需求为导向,符合义务教育以县为主的管理体制,坚持行政推动、学校主体、人人参与的原则,增强了不同教育主体参与改革的责任感和使命感。

总之,这项改革是一项系统性整体改革,涉及教育理念、育人价值观、教学方式、课堂结构、课程整合、教师发展、学校德育、文化建设等跨界多个因素,契合了学生素养形成与发展的特点和规律,符合新时代关于人的全面发展的客观要求,是促进立德树人根本任务落地的实践行动,具有鲜明的区域特点和划时代意义。

(三)"素养·活动"教学改革的实践性

《中国学生发展核心素养》发布以来,各地各学校纷纷就核心素养落实问题进行研究与实践探索。临沂市罗庄区带领核心组和学校进行了积极有力的探索,形成了许多难能可贵的创新性结论和实施方案。在整体规划和系统设计基础上,全区启动了这次整体改革实验,对方案进行了完善与解读、宣讲,将其传达到每一所学校、每一位教师,实现了最大的价值认同。同时,研究形成了教改推进机制、推进策略和学校行动方案,对学校、学科实验任务进行分解,明确任务完成时间节点。组建区域、学校、学科在内的组织机构,形成实验网络,为早出成果、出好成果奠定了良好基础。

1."素养·活动"教学改革校本转化机制

核心素养的提出,回答了"培养什么人,怎样培养人,为谁培养人"这一教育根本问题。然而,国家教育目标和"全面发展的人"对形成学生核心素养显得过于宏观,需要经过宏观目标与核心素养匹配、核心素养与课程融合等多个转化环节,通过活动教学机制改革,才能落到学生身上。

（1）以"全面发展的人"为核心,正确把握有关核心素养的关键概念。区域推进"素养·活动"教学改革,要以培养"全面发展的人"为旨归,关键处理好两件事情:把握12个关键词和实行国家基于目标的八次转化,最终实现对学生成长需求的满足。

我们知道,"中国学生发展核心素养"分为文化基础、自主发展和社会参与三个方面,综合表现为人文底蕴、科学精神、学会学习、健康生活、责任担当、实践创新等六大素养,具体细化为国家认同等18个基本要点。要将核心素养落到实处,必须把握12个关键词,即全面发展的人、培养目标、核心素养、学生、教师、课程、学科教学、活动、情境、教研、文化、评价。正确处理它们之间的关系,学生的必备品格、关键能力和实践能力才能逐步形成,并促进学生的全面发展。

(2)以培养目标为导向实施核心素养教学的系统转化。落实学生发展核心素养,每个区域和学校都有自己的核心素养学科表达、校本表达和校本化实施方式。要从对国家培养目标的校本化入手,把国家目标转化为学校培养目标,即学校要培养什么人,对准这个核心价值目标,以学生能动活动为载体构建学生素养发展机制,通过推进学校特色化发展,深化学科素养活动教学改革等一系列复杂转化过程。要实现核心素养的学科表达、校本表达和校本化实施,具体要求如下:

第一,实行国家培养目标的校本化,形成学校的培养目标,即"培养什么学生";

第二,实行中国学生发展核心素养校本化,形成基于学校培养目标的学校核心素养;

第三,实行培养目标与核心素养的匹配,实现培养目标的素养指标化;

第四,实行核心素养与学校课程的融合转化,形成基于学校核心素养的学校课程解构内容;

第五,国家与地方课程校本化和校本课程开发相结合,形成基于国家课程标准的学校课程活动化表达;

第六,实行基于学生发展需求的问题导向性活动学习案变革,实施活动学习案的个性化设计;

第七,实行基于核心素养的大概念下单元整体教学设计,形成基于素养的跨界融合;

第八,实行评价导引下的"素养·活动"教学评价改革,促进学生发展核心素养的真实落地。

2.系统构建区域、学校推进机制

(1)文化统领机制。我们认为,根据人才成长规律,立德树人根本任务只有在学校才能落地。一所学校办学的首要任务是搞好学校办学定位,确立学校核心价值观,构建学校的教育哲学,明确"培养什么人""怎样培养人""为谁培养人"的根本问题。落实学生发展核心素养,构建活动机制至关重要。活动与文化从来就是连在一起的。因此,活动教学改革离不开学校文化建设和学校特色化发展,反过来,唯有积极推进学校特色建设,才能有效地实施课堂教学变革,更加有力地推动活动教学改革,促进教学质量的大幅度提高。

一所学校办学特色一旦有了准确定位,提炼并确定了办学目标和培养目标,即"培养什么人",学校课程建设、课堂教学改革就有了正确的方向。目前不少学校缺乏鲜明的办学特色和准确的培养目标。学校课堂教学改革、学校课程建设等总是找不到明确的方向和现实抓手,学校毕业生以及开发的校本课程不能体现"这一所"学校的特点,不能带有"这一所"学校的独特印记。

文化建设既具有区分的作用,又具有整合的功能,对活动教学改革发挥价值引领作用,有了文化引领,我们按照"人才培养目标→人才培养质量→教学价值观→教学内部结构→学校教学范式",因此要实现教学成绩与立德树人的兼得,必须首先构建文化统领机制。①

（2）项目推动机制。各学校根据自己的实际和发展需要,对"素养·活动"教学改革实验实施意见中确定的有关课程、学科、教学、教研、教师、管理、评价等重大项目进行认领或指定,采取区校联动和共同体发展的方式,结合校本问题开展滚动式研究,逐步形成"素养·活动"教学改革成果和教学范式。

（3）基地培育机制。在全区中小学遴选成绩较好的优势学科、优势项目作为培育对象,将学科和项目所在学校设为研究基地,对确定为活动教学改革实验基地的学科素养教学改革进行重点支持,结合校本教研改进工作,进行有针对性的指导、展示,整体推进"素养·活动"教学改革。

（4）一体化推进机制。坚持以学生核心素养形成为核心,建立学生发展素养教学改革的纵横一体化推进机制。在学段纵向上,实现基于个体生命成长的区域研究指导与学校和教师自主发展一体化、教学一体化、德育一体化和评价一体化等;在横向上,实现基于素养整体性发展的教学与文化一体化、教育与德育一体化、教学与特色（课程、管理）一体化等,系统推进教学成绩与立德树人的融合发展和协调发展。

（5）典型示范机制。"素养·活动"教学改革是一项整体改革实验,涉及教育的各个领域。要建立典型示范机制,对在实验过程中涌现出来的先进、典型事迹和榜样人物及时总结和提炼,充分发挥典型的示范、引领和带动作用,以点带面,实现改革实验的各个突破和整体突破。

---

① 陈佑清.学习中心教学论[M].北京:教育科学出版社,2019:12-13.

(6)评估激励机制。由于"素养·活动"教学改革实验涉及区域和学校教育的各个方面,带动学校教育的整体发展,因此要建立评估激励机制,强化对实验过程和结果的评价和评估鉴定,将评价评估成绩纳入综合督导之中,对表现突出的学校单位和个人在评先树优和晋职晋升方面给予倾斜,对特别突出者将推荐参加省级和国家基础教育教学成果评选和成果奖励。

3. 明确主要任务

"素养·活动"教学改革实验作为以区域为单位整体推进的教学改革,经过几年实验,达到以下预期成果:研究形成一批包括课程、课堂、教研和管理方面的理论成果;构建形成一批特色课堂教学范式;总结提炼教师教学特色和推介一批品牌名师;总结推广一批各类特色名校,促进区域教育品牌、教育质量再提升,努力办好人民满意的教育。为此,要突出抓好以下主要任务。

(1)开展基于素养形成的课堂教学改革,构建各具特色的素养教学范式。各学校和区域研究者根据教育研究与发展的实际和学科发展优势资源,对在学科教学、教学管理、德育改革等方面积累的经验,深入挖掘和提炼,形成"原型经验"。学校根据本校实际选择 1 至 3 个学科,有针对性地开展素养教学课堂改革实验,对学科教学和学生发展涌现出来的具有代表性的先进经验进行进一步提炼,总结形成较为成熟的和可资推广的教学范式。[①]

(2)推进基于学生素养的学校特色化发展,构建新型人才培养模式。一所学校要提高学生学业成绩,首先就要以素养作为引领,着力培育学生发展核心素养。在准确定位办学特色的前提下,坚持以学校培养目标为统领,对学校文化、学校课程、课堂教学、学校管理和评价等进行重构与改革,初步形成稳定成熟的学校特色和特色办学体系,以此为基础,对具有典型意义和普遍价值的办学成果和特色名校进行总结提炼,指导构建形成学校人才培养模式,引领区域、学校教育的未来发展。

(3)开展课题项目研究和课改实验,总结形成具有一定推广价值的研究成果。区域和各中小学组建改革实验的核心组和领导组织,统筹改革实验各方面工作,要立足自身发展优势,聚焦"素养·活动"教学改革,全面征集改革实验中亟待解决的重大问题,形成素养教学改革研究课题(项目)。我们首次确立了八大项目,即整体研究项目、教研转型项目、学科教学改革项目、区域(学校)活动课程开发项目、活动学习方式改革项目、基于活动教学的教师队伍建设研究项

---

① 沈兰,郑润洲. 变革的见证[M]. 上海:上海教育出版社,2008:48-53.

目、活动教学评价模式研究项目、区域推进策略研究项目等,包括53个子项目。依据"素养·活动"教学改革实验任务和时间节点要求,以课题(项目)研究带动校本教研方式改革,在课程、教学、科研、德育、评价等方面开展特色化研究,形成"全域、全员和全过程"共同体研究的态势,不断总结提炼各个领域形成的研究成果,在区域各学校加以推广。

(4)开展学校和师生的特色化发展研究,努力培育一批区内外有影响力的典型。对于学校特色化发展研究已有论及。根据区域特色教师培养办法,对在"素养·活动"教学改革实验中初具一定特色或拥有一定潜质和特色生长点的教师,通过访谈、听课评课等方式提炼教师教学特色和教学主张,积极培育壮大教师的教学风格,逐步培养推介一批名师典型。对中小学在科技、国学、艺术、体育等教育活动中涌现出来的拔尖学生,指导帮助学校挖掘学校在培育学生典型方面的经验和方法,及时加以推广。

我们已经站在素养教育的新时代,学生素养发展离开活动将无从谈起。我们的教学改革必然选择活动教学,只有活动教学改革才能拯救我们的教育、拯救我们的教师和学生、拯救我们的学校。活动教学运用能动活动机制促进学生素养形成,大面积提高教学质量、教师发展、学生减负以及教研转型、师德教育、品牌提升的难题都能得到有效破解,教学改革的愿望才能真正实现。只有活动教学,才能使教育的有效性真实地发生,特色品牌、名师成长、核心素养、立德树人才能真正落地。

二、课堂教学改革:从"知识本位"走向"素养本位"

人的全面发展的理想在现阶段仍然是一种积极追求,只有到共产主义社会才能真正实现人类社会的美好理想,人们对美好生活的追求永远没有停止,人的全面发展的目标一定能够实现。

(一)核心素养研究历程、实现可能与意义

1. 核心素养研究历程

研究核心素养要与时代发展、社会变革密切联系起来,要面向教育体系外的社会需求,这已成为教育变革与发展的国际趋势。21世纪初,经济合作与发展组织(OECD)率先提出了"核心素养"结构模型。它要解决的问题是:21世纪培养的学生应该具备哪些最核心的知识、能力与情感态度,才能成功地融入未

来社会,才能在满足个人自我实现需要的同时推动社会发展。

多年来,不同国家或地区都在做类似的探索。比如,美国对核心素养的关注起源于注重知识创新的高新企业团队,他们从企业用人所遇到的问题反馈到教育中,指出基础教育要注重培养学生在21世纪里必需的生存技能,这些能力和素质应是当今社会每个人都应该掌握的内容。

在我国,经过多年教育改革,素质教育成效显著,但"与立德树人的要求还存在一定差距"。这主要表现在,"重智轻德,单纯追求分数和升学率,学生的社会责任感、创新精神和实践能力较为薄弱"。具体到课程领域,体现为"高校、中小学课程目标有机衔接不够,部分学科内容交叉重复,课程教材的系统性、适应性不强;与课程改革相适应的考试招生、评价制度不配套,制约着教学改革的全面推进;教师育人意识和能力有待加强,课程资源开发利用不足,支撑保障课程改革的机制不健全"。[①] 从2005年开始,我国台湾省启动了核心素养研究,确立了专题研究计划——《界定与选择核心素养:概念参考架构与理论基础研究》(简称 DeSeCo 计划)。[②]

要回应发展的难题和挑战,教育必须从顶层设计上有新的应对措施,这就是构建核心素养体系,努力解决这些难题。核心素养体系的构建一方面有利于"使学生发展的素养要求更加系统、更加连贯"。这里重点要解决两个问题:一是把对学生德智体美全面发展总体要求和社会主义核心价值观的有关内容具体化、细化,转化为具体的品格和能力要求,进而贯穿到各学段,融合到各学科,最后体现在学生身上,深入回答"培养什么人、怎样培养人"的问题;二是为衡量学生全面发展状况提供评判依据,引导教育教学评价从单纯考查学生的基本知识和基本技能转向考查学生的综合素质。另一方面,核心素养体系的构建,顺应国际教育改革趋势,有利于增强国家核心竞争力,提升我国人才培养质量。

2. 构建素养体系,基础教育如何作为

日本著名企业家稻盛和夫的人生方程式是:人生结果=能力+热情+思维方式。道德的、人性的思维方式是核心素养的首席,第二则是热情,包含了积极的态度、持久的兴趣。思维方式是否是道德的、人性的、利他的,这是决定人生结果的关键。

基础教育阶段要培养学生利他的处世情怀、积极的生活态度、持久的兴趣

---

① 杨向东. 核心素养与我国基础教育课程改革的关系[J]. 人民教育,2016(19):32-33.
② 林崇德. 21世纪学生发展核心素养研究[M]. 北京:北京师范大学出版社,2016:3.

以及如何做人等素养。只有把基础打扎实,才能求得生动、个性的发展。教育如此朴素,而我们离它却越来越远。

学校教育除了以上素养内容之外,人的"核心素养"还应包括以探究为核心的学习素养。至此,我们认为,道德、人性的思维方式,积极的态度,持久的兴趣,探究的学习素养,这就是人的四大"核心素养"。它们是"人的教育"的"钢筋混凝土"。人的这四大核心素养会给人生好的路径依赖,而知识、分数、作业和试题,并不能给人生好的路径依赖,恰恰相反,它们提供的是一条扭曲的依赖路径,循此人生发展不可能取得理想的、幸福的结果。这也决定了基础教育的"素养"取向。正因为如此,我们应下大力气思考和研究人的核心素养。从探讨人的核心素养入手,坚持素养为重的逻辑起点,进一步深化课程改革,我们再出发!

3.核心素养落地的可能性及现实意义

2016年,北京师范大学林崇德教授率领研究团队,研制形成了《中国学生发展核心素养》,标志着我国正式进入素养时代。在临沂市罗庄区确立了"素养·活动"教学改革研究课题之后,课改组依托"素养·活动"教学改革实验,在精心选择实验学校、学科基地和实验教师基础上,不断推进课程转型、课堂转型、教研转型和学校转型等变革,促进人的全面发展。

(1)"素养·活动"教学改革是素质教育发展的应有之义。核心素养开启了素质教育的新阶段,是发展素质教育的独特贡献,"素养·活动"教学改革开启了核心素养落地的新征程。

(2)立德树人根本任务的落地实践。核心素养是完整的育人目标体系,在全面贯彻党的教育方针、落实立德树人根本任务中具有特殊的育人价值。

(3)提升教育质量的必然要求。素养本身就是教育质量,发展学生素养更能激发学习动力与活力。如果不落实核心素养,教育的层次就永远上不去,教育的质量就不可能真正提高。

(4)人才培养模式变革的必由之路。核心素养是连接课程与培养目标的通道与桥梁,通过学校特色确定培养目标,为新型人才培养模式构建奠定基础。

习近平总书记对核心价值观作了精辟的解释:核心价值观就是德,既是个人之小德,又是社会、国家之大德。而伦理道德正是中华优秀文化传统的底色和本色,立德树人是具有中华文化特色的、又具有时代特点的育人模式。"核心素养—立德树人—育人"模式,形成了鲜明的逻辑线索。研究、落实核心素养,最为根本的意义就是推动教育的转向,在探索中建构育人模式。在这种育人模式下,各地各学校又可形成具有校本特点的育人模式。

(二)核心素养的内涵、特征及学理

何为素养？何为核心素养？核心素养与过去我们所强调的知识、技能等是什么关系呢？核心素养具有的特征及形成的机理是怎样的？

1.核心素养的内涵、特征

(1)素养。素养是指存在于人身上的那些内在的、比较概括的、相对稳定的身体和心理特征,是决定人的行为(活动)的状况及其质量的内在因素。素养具有内在性、概括性、相对稳定性等特性。

(2)核心素养。对于什么是核心素养,张华教授认为,核心素养是适用于一切情境和所有人的普遍素养,这就是"核心"的含义。它不是只适用于特定情境、特定学科或特定人群的特殊素养。也就是说,核心素养是最关键、最必要的共同素养。

在个体终身发展过程中,每个人都需要许多素养来应对生活的各种情况,所有人都需要的共同素养可以分为核心素养以及由核心素养延伸出来的素养。其中,最关键、最必要、居于核心地位的素养被称为"核心素养"。[①]

就学科而言,核心素养是一种跨学科的素养,强调各学科都可以发展的、对学生最有用的东西。比如,核心素养中语言素养的概念,已经不是语文学科的概念,也不是外语的概念,它的特点是有效的表达和交流。语言素养其实是一种广义的语言概念,作为有效的表达和交流,远超出语文的范畴。生物、地理等学科也有语言素养方面的培养任务。

核心素养也是知识、技能和态度等的综合表现。它是知识、能力、态度或价值观等方面的融合,既包括问题解决、探究能力、批判性思维等"认知性素养",又包括自我管理、组织能力,人际交往等"非认知性素养"。提出核心素养这个话题,兼顾了知识和能力,具有导向性。

用核心素养来梳理培养目标,可以矫正过去"重知识、轻能力、忽略情感态度价值观的教育偏失",并且"素养"一词的含义比"知识"和"技能"更广。"技能"更多地从能力角度讲,我们所提"素养"不仅仅包括能力,更多考虑人的综合素养,特别是品德上的要求。这也符合我们的国情,落实起来更容易一些。

(3)核心素养的特征。核心素养的获得是后天的、可教可学的,具有发展连

---

① 余文森.核心素养导向的课堂教学[M].上海:上海教育出版社,2017:46-51.

续性,也存在发展阶段的敏感性。余文森教授认为,"核心素养是最基础、最具生长性的关键素养,就像房屋的地基,它决定房屋的高度"。

核心素养的作用以整合的方式发挥出来。尽管核心素养指标的内涵不同,发挥着不同作用,但彼此作用并非孤立,在实践中表现出一定整合性。例如,OECD指出,核心素养总框架包含了一系列具体指标,它们是整合在一起的,只不过在不同情境下各指标表现的程度不同。澳大利亚梅尔委员会也提出,任何核心素养指标本身不构成一套独立体系,为了完成某一目标,素养应通过整合的方式发挥作用。

既然核心素养的习得与养成必须具有整体性、综合性和系统性,这就决定了对核心素养的测量与评价必须具有综合性和发展性,对于课程设计与开发、教育质量评价技术等提出了新挑战。

核心素养的形成具有关键期的特点,错过了关键期就很难弥补。就"学科关键能力"培养问题,也涉及学生学习的"关键期"。关键期是针对儿童学习规律而言的。在"关键期"内学生的学习不仅具有较强的有效性,而且这一时期习得结果还具有持久性。英国学者David Hubel等人就提出,脑的不同功能的发展有不同的关键期,某些能力在大脑发展的某一敏感期最易获得,此时相应的神经系统可塑性大,发展速度快;过了关键期,可塑性与发展速度都要受到重大影响。低年级学生语文学习的关键能力,我们定在"朗读"与"写字",因为低年级学生读书拿腔拿调,如果低年级学生的写字姿势不正确,基本笔画不规范,以后要改,难上加难。培养"学科关键能力",要考虑两个要素,即儿童学习的"关键期"和学科本身的"关键能力",合在一起,可以说成"关键期·关键能力"。[1]

2. 核心素养形成的学理

学生素养(素质)发展与活动具有高度的相关对应性、与活动有着密切的关联性,如创造性素养、游泳技能素养等,只有在创造性活动、游泳活动中才能形成发展,绝对不可能在单一知识学习活动中获得。

人的素养的形成过程必须有一个连接主体与客体之间的通道或机制,这个通道或机制就是活动。没有活动做支撑、作媒介,学生的素养无法形成。陶行知先生早就说过,"好的先生不是教书,也不是教学生,而是教学生学"。[2] 这里的"学"就是学习活动,就是活动的一种。没有活动的发生或参与,学生的素养

① 余文森. 核心素养导向的课堂教学[M]. 上海:上海教育出版社,2017:20-36.
② 陶行知. 陶行知文集[M]. 南京:江苏教育出版社,2008:87.

根本无法形成。因此,我们应该构建一种基于活动的教师教导机制:通过活动机制或通道,促进教学的教育性和教育的教学性的实现,促进教学质量的提高和立德树人的落地。

(1)活动、活动分类与活动设计。活动是从生命里生发出来的,是人的活动,更是生命的活动,包括身体的和精神的、生理的和心理的活动,同时也是自主能动的活动,是整体性的文化性实践活动。

①活动分类。田慧生教授认为,完整的活动由外部活动和内部活动构成。学生主体外部活动主要指学生主体的感知、操作、言语等活动,常见的有听讲、观察、操作、练习、交往活动、社会实践等;学生主体的内部心理活动,主要包括知、情、意三个方面,即认知活动、情感活动和意志活动。

②活动学习。潘洪建教授在《关于活动学习几个问题的探讨》一文中提出活动学习的概念,认为活动学习具有情境性、问题性、自主性、实践性、探索性、整体性的特点,将活动学习划分为三大类型:"主体—客体"活动、"主体—主体"活动、"主体—自我"活动。① 如图 1-1 所示。

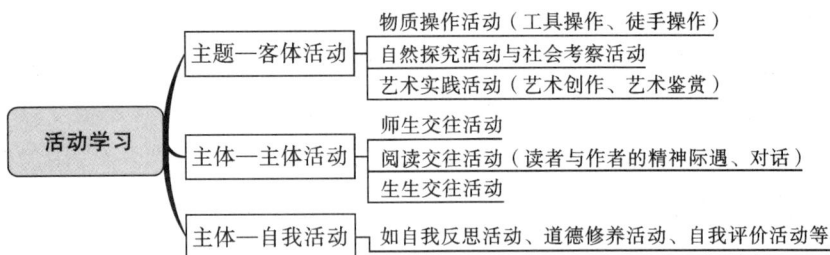

图 1-1　活动学习类型示意图

③活动学习实施模式。根据活动学习特点,活动学习模式包括:操作活动学习模式(如劳动操作、测量、制作、乐器演练、投掷跑跳等),探究活动学习模式(如提问、讨论、试验、小发明等),考察活动学习模式(如现场观察、生活体验、社会调查、人物访问、道德践行等),艺术活动学习模式(如艺术表演、艺术制作等),交往活动学习模式(如演讲辩论、焦点访谈等),阅读活动学习模式(如课堂阅读、自由阅读、资料查阅等)。

④活动设计策略。以适切的学习目标为导向;创设基于真实问题情境的学习任务;设计多样化的活动交互形式;形成学习活动设计质量的评价框架。

---

① 潘洪建. 关于活动学习几个问题的探讨[J]. 课程·教材·教法,2009(04):3-7.

⑤活动学习的结构。活动学习系统包括两个相互作用的系统,即教师指导活动系统与学生活动实践系统。整个活动过程存在一定的信息反馈,活动参与者的态度、动机对活动展开亦有一定的影响。活动学习的运行结构是一个闭环式结构,如图 1-2 所示。

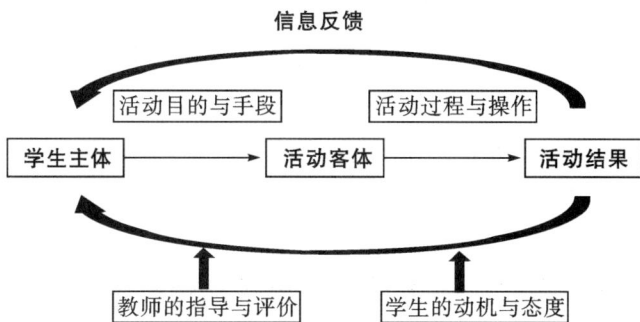

图 1-2 活动学习的运行结构示意图

(2)素养理念下重新学习概念。学习是一个广义的概念,不仅包括知识的学习、道德的学习,而且包括做事的学习、做人的学习等连接生命和素养的一个概念。活动即学习,学习即成长,学习即发展,学习是实现全面发展的必由之路。

基本学习方式有自主、探究、合作,更接近形成学生发展核心素养的学习形式有主题学习、深度学习、项目学习、任务学习、探究学习、大单元学习等。

有关活动方面的文章,主要有《在与活动的关联中理解素养问题》《论活动与发展之间的相关对应性》《教学活动基本理论探讨》等,有关基于活动的课堂教学模式研究文章有《活动理论框架下基于学生核心素养的课堂教学模式》《基于学生主体活动的课堂教学模式研究》等。

(3)"人的素养"形成的机理。我们知道,学生的学习与成长必须通过学科课程进行。学科教学既是学生学习生活的主色调,也是教师教学生活的主色调。坚持"素养为重"的育人价值取向,出路只有一条:学科教学必须坚持素养取向,必须深度研究学科素养形成的机理。这就是知识怎么转化为能力,能力怎样转化为素养的问题。

那么,人的素养是如何形成的,其形成的内在机理是什么?

一般而言:①学生先接触学科知识;②在学科知识的基础上形成学科能力;③学科能力具有多重性。以数学学科为例,学科能力包括计算能力、口算能力、估算能力、推理能力、概括能力、空间想象能力、理解能力等。学科教学不能眉毛胡子一把抓,要抓"关键能力"。④关键能力的习得过程,要给学生以"文化关怀",即"为他人着想"的道德关怀。⑤探究是贯穿"学科知识""学科能力""关键能力""文化关怀"的学习方式。好的学习方式既是知识转化为能力的重要条件,也是能力转化为素养的重要条件。探究既是一种学习方式,也是一种学习能力,探究是所有学习方式中的"关键方式""关键品质"。甚至可以说,探究本身就是素养的一个重要组成部分。⑥形成学科关键素养。"学科关键素养"犹如一个引爆器,引发并推动"人"的整体素养的提升。①

以上是人的素养的培育和形成的 6 个步骤。人的素养的形成有"法"可依、有"路"可循。

三、区域推进方案:"素养·活动"教改顶层设计

任何一项改革必须建立在全面调查基础上,在充分掌握第一手资料的前提下,研制科学有效的实施方案,是保证改革顺利推进的指导方针。为顺利推进此项改革实验,课题组精心进行顶层设计,研制区域推进方案,形成改革实验的"作战图"。

(一)课题的提出背景

当前国际竞争日趋激烈,人才强国战略深入实施,时代和社会发展需要进一步提高国民的综合素质,培养创新人才。然而,自从 20 世纪 80 年代初期以来,我国一直进行课堂教学改革的探索,但我国中小学课堂教学的整体格局还没有出现转型性变革,突出表现在课堂教学的价值取向和过程组织没有得到根本性的调整,基础教育发展还不能很好地适应创新人才的培养,仍然存在着"课程单一、课堂封闭、评价僵化"的弊端,不利于创新人才的培养。进入教育新时代,开展活动教学改革实验研究对于推进素质教育,落实学生发展核心素养,创新育人模式,促进课堂教学根本性变革,促进区域教育优质均衡发展,提高育人质量,落实立德树人根本任务,具有重大的现实意义和深远的历史意义。②

1. 推进素质教育发展的必然要求

2019 年 6 月,党中央、国务院为贯彻全国教育大会精神,连续印发《中共中

① 陈佑清. 在与活动的关联中理解素养问题[J]. 教育研究,2019(06):64-72.
② 林崇德. 中国学生发展核心素养:深入回答"立什么德、树什么人"[J]. 人民教育,2016(19):14-15.

央 国务院关于深化教育教学改革 全面提高义务教育质量的意见》《国务院关于新时代推进普通高中育人方式改革的指导意见》两个文件,分别就义务教育、高中教育育人方式和提高教育质量、发展素质教育、落实立德树人根本任务提出了总体要求,提出要围绕凝聚人心、完善人格、开发人力、培育人才、造福人民的工作目标,构建全面培养体系。以培养学生的创新精神、实践能力和社会责任感为重点全面实施素质教育,这是当前基础教育改革的重点。近年来,我国中小学教育教学改革虽然取得了长足发展,但在传统观念的束缚和升学考试的重压下,学校教育特别是课堂教学长期存在的一些问题并未得到根本解决,至今仍存在着"五重五轻"的现象:重书本知识传授,轻实践能力培养;重学习结果,轻学习过程;重间接知识的学习,轻直接经验的获得;重教师的讲授,轻学生的探索;重视考试成绩,轻视整体素质提高。这一切不仅造成学生学习兴趣下降,学习负担加重,探索精神受挫,而且极大地妨碍了学生整体素质的全面提高,影响了教育方针的全面贯彻落实。

活动教学整体改革实验研究是一项立足课堂教学改革、面向未来人才培养的新的探索和实践,它根据新时代基础教育综合改革的总体要求,特别是由应试教育向素质教育转变的现实需要,在合理借鉴中外历史上活动教学思想成果的基础上,通过对现行课堂教学存在的弊端进行必要的改造,探索一条适合儿童生动活泼、主动发展及有利于学生创新精神、实践能力培养的新路,寻找一条学校教育主阵地——课堂教学中切实落实素质教育目标的有效路径。

2. 落实学生发展核心素养的必由之路

自教育规划纲要发布实施以来,我国人才培养模式改革不断深化,自主、合作、探究的学习方式与启发、讨论、参与的教学方式不断推广,育人的针对性、实效性进一步增强。但是,当前中小学课程改革与立德树人的要求还存在一定差距和问题。比如:重智轻德,单纯追求分数和升学率,学生的社会责任感、创新精神和实践能力较为薄弱;中小学课程目标有机衔接不够,部分学科内容交叉重复,课程教材的系统性、适宜性不强;与课程改革相适应的考试招生、评价制度不配套,制约着教学改革的全面推进;教师的育人意识和能力有待加强,课程资源开发利用不足,支撑保障课程改革的机制不健全;等等。中共中央、国务院针对这些问题和现状,及时印发《关于全面深化课程改革 落实立德树人根本任务的意见》,首次提出"核心素养"这一概念和思想,要求全面深化课程改革,整体构建符合教育规律、体现时代特征、具有中国特色的人才培养体系,进一步改进学科教学的育人功能,全面落实以学生为本的教育理念,建立健全综合协调、充满活力的育人体制机制,落实立德树人根本任务,将教育教学的行为统一到学生核心素养培养和育人目标上来。①

基于核心素养的活动教学改革实验,根本是要明确学生应具备的适应终身发展和社会发展需要的必备品格和关键能力,突出强调个人修养、社会关爱、家国情怀,更加注重自主发展、合作参与、创新实践。各学段在发挥各学科独特育人功能的基础上,充分发挥学科间综合育人功能,开展跨学科主题教育教学活动,将相关学科的教育内容有机整合,提高学生综合分析问题、解决问题能力。充分利用现代信息技术手段,改进教学方式,适应学生个性化学习需求。强化教学的实践育人功能,确保实践活动占有一定课时或学分。实施"实践育人共同体建设计划",建立一批青少年社会主义核心价值观实践基地,充分发挥社会实践的养成作用,引导学生在服务他人、奉献社会中升华对社会主义核心价值观的认知理解,全面落实学生发展核心素养,促进人的全面发展。

3. 创新育人模式的不二选择

课堂是人才培养的主渠道,在某种程度上说,课堂模式基本决定人才培养模式。而现在的课堂和人才培养模式,还很难培养出学生能够适应终身发展和社会发展需要的必备品格和关键能力。自2001年开始启动推进新课程改革,在将近20年的研究与实验中,教师的教育观念、课程理念、思维方式、教学方式、评价方式等基本没有发生根本性变化。这突出表现为,教学中的旧"三中心"的状态仍然保持没变,一是坚持以课堂为中心,局限于教室学科教学,不能与鲜活的社会实践活动、现实生活有机结合,学生缺乏获得直接经验的机会,学科德育形同虚设;二是坚持以教师为中心,教学仍然以灌输式、讲授式为主,学生缺乏自主、合作、探究的活动方式,师生之间的多边关系没有建立起来,停留于"我讲——你听,我说——你做,我评——你服"的被动局面;三是坚持以教材为中心,大多数教师认为教学就是上课,缺乏课程意识,不能树立"教材是个例子"的理念,教学使用的课程资源匮乏,不能结合活动方式进行教学,课后纸笔作业繁重,教学效益低下,学生负担和教师负担严重,导致教学质量不能有一个大的飞跃。

要深化基础教育人才培养模式改革,培养学生的创新精神和实践能力,必须从课堂的战略地位出发,确定课堂教学改革是教育改革的核心,推进活动教学整体改革,重建新"三中心"发展观,即"学生中心、课程中心、实践活动中心",

---

① 林崇德. 中国学生发展核心素养:深入回答"立什么德、树什么人"[J]. 人民教育,2016(19):14-16.

打破封闭式、专制式办学带来的僵局,这有利于促进教育教学质量实现一个新突破。

4. 区域教育内涵发展的内在追求

习近平总书记指出,要努力构建德智体美劳全面培养的教育体系,形成更高水平的人才培养体系。这就必须坚持内涵发展,加快教育由量的增长向质的提升转变,把质量作为教育的生命线,坚持回归常识、回归本分、回归初心、回归梦想。基础教育改革的核心是课堂教学改革。只有课堂变化,学生才能发生变化。

活动教学不仅是一种教学形式,更是一种具有新质的教学主张和思想。推进基于核心素养的活动教学改革实验,是适应全区教育优质均衡发展的实际需要而提出的改革主张,对于区域教育内涵发展具有重要价值:一是有利于整体提升教师专业素养,助推临时代课教师和贫困村教师的专业能力,弥补教师队伍结构的短板;二是改变以"授受式"教学为主和知识本位的传统课堂面貌,促进课堂教学根本性转型;三是有利于促进学生核心素养的转化与生成,将立德树人根本任务落到实处。开展活动教学改革要充分结合新时代基础教育发展规律,将实践活动思想融入,促进区域教育优质均衡发展。为此,一要突出德育时代性,坚持把立德树人融入思想道德教育、文化知识教育、社会实践教育各环节,充分发挥各学科德育功能,积极开展党团组织活动和主题教育、仪式教育、实践教育等活动。二要强化综合素质培养,改进科学文化教育,统筹课堂学习和课外实践、实验操作,强化体育锻炼、美育工作和劳动教育,培养学生的创新精神和实践能力,提升人文素养和科学素养。三要完善学校课程管理,依照课程方案,合理安排学科课程,开齐开足体育与健康、艺术、综合实践活动和实验等课程。加强学校特色课程建设,积极开展校园体育、艺术、阅读、写作、演讲、科技等社团活动,实现人才培养模式的真正转变。四要构建以活动教学为核心追求的教科研机制,引入"活动"关键要素,创新人才培养模式,深入开展"基于核心素养区域推进活动整体教学改革与实验研究",努力实现区域教育质量的再跃升,不断满足人民对美好教育的需求。

5. 推进课堂根本转型的客观趋势

课堂是教育的主战场,课堂一端连接学生,一端连接着民族的未来,教育改革只有进入到课堂的层面,才真正进入了"深水区"。课堂不变,教育就不变;教育不变,学生就不变。课堂是教育发展的核心地带。针对当下传统课堂存在的三大无法破解的难题,即传统课堂无法破解学生全面发展的问题,传统课堂无法破解教师进步和职业幸福感的问题,传统课堂无法破解学生的素质和应试水平共同提高的问题,课堂教学改革要坚持"一个中心,两个基本点"的原则,即坚持"以学生为中心,一切从学生出发",坚持"素质教育在课堂,把掌握知识与能力提高、品质的培养、健全人格的构建结合起来;坚持教为学服务,建立教是为学服务的理念,所有的教必须服从服务于学,构建一个以学为中心的课堂行动模式"两个基本点。

当前,学校应回归教育本真,聚焦课堂教学,深化教学改革,推进"课堂革命",向作为教书育人主渠道主阵地的课堂要效益、要质量。一要把深化教育教学改革放在更加突出的位置,深入开展"课堂革命",积极探索基于情境、问题导向的互动式、启发式、探究式、体验式等课堂教学;二要深化课程教材体系建设,坚定不移地贯彻中央决策部署,不断完善科学规范的课程教材体系,形成高水平的课程教材治理能力,为深化课堂教学改革提供保障;三要优化教学管理,创新教学方式方法,加强验证性实验和探究性实验教学,打造学生社会实践大课堂,拓宽实践育人渠道,不断提高课堂教学质量,增强学生综合素质,促进学生全面发展。

(二)文献综述

活动教学最早来自卢梭的"自然教育思想"。1902 年杜威在《儿童与课程》一书中,深刻地揭示了活动课程与学科课程的关系,反映了人的直接经验与间接经验、个人知识与公共知识、儿童当下的心理经验与凝结在学科中的逻辑经验之间的关系。杜威在《民主主义与教育》中反复强调儿童的发展是在其与环境相互作用的活动中实现的。他说:"一个人要能改变别人的心理,唯一的方法是利用天然的或人为的物质条件,引出别人某种应答性的活动。"[1]一切教育都能塑造智力的和道德的品质,但这种塑造工作在于选择和调节青年天赋的活动。他认为,教学的问题,乃是寻找材料使一个人从事特殊的活动的问题。皮亚杰创立的"发生认识论",是从儿童的活动出发,去理解儿童认知发展的过程。维列鲁学派以马克思主义的实践或活动观点为基础,提出应从人的外部感性、物质性的活动去理解人的心理过程和心理机能形成的观点。在维列鲁学派中,不同的人对促进人发展的活动的形式的理解是不完全相同的。维果茨基指出,

---

① 〔美〕约翰·杜威. 民主主义与教育[M]. 王承绪译. 北京:人民教育出版社,2001:21-26.

个体心理活动发端于个体所参与的集体活动及与他人之间的交往。按照维列鲁学派、杜威、皮亚杰等人的研究,学生素养形成或发展的机制,可以从学生自身的活动出发去寻找。

19世纪二三十年代,我国著名教育家陶行知先生提出"六大解放",倡导生活教育思想,确立"教学做合一"教学主张。同时,陈鹤琴先生主张活动教育,极大促进了教育的发展和人才的培养。20世纪80年代以来,我国逐渐形成从学生活动理解学生发展的观念。如有学者于1986年提出了影响人的身心发展因素的新的结论。新基础教育倡导者叶澜教授在《论影响人发展的因素及其与发展主体的动态关系》一文中,认为个体的活动是个体发展的决定性因素,没有个体的活动就谈不上任何发展。我国自20世纪90年代以来对活动课程、活动教学等问题的研究,也推进了从学生活动理解学生发展问题的认识。如1997年中央教科所田慧生、郁波、杨莉娟教授所撰《在自主活动中培养学生的创新精神和实践能力》《活动教学与中小学素质发展研究》文章中,对活动教学与人的素质的探索与实践进行了研究。1999年深圳大学李臣之博士在《课程·教材·教法》杂志发表《活动课程的再认识:问题、实质与目标》一文,对活动课程实施与认识上的问题、活动课程的实质、活动课程目标等进行了阐述和分析论证。2004年,山东省创新教育研究课题组出版了《活动建构:创新教育的教学革新》,论述了活动建构教学改革的思路和实践方法。

近年来,在核心素养问题提出后,国内关于学生核心素养培养的研究文献急剧增加,其中,关于素养培养的直接过程引起高度关注。但到现在为止,国内尚未就学生素养培养的教学过程的规律,尤其是基于素养发展机制的素养培养过程的规律,开展深入研究并达成共识,也没有基于核心素养的活动教学改革实验。通过基于核心素养的区域推进活动教学改革实验研究,在一定区域内解决新时代我国学生应具有的素养结构以及素养的教学机制等关键性问题,有效探索基于素养发展机制的活动化培养过程的规律。

(三)本课题研究内容和研究目标

活动教学的研究和实验,旨在通过对传统以知识本位、教师中心和传授、灌输为主要特征的传统课堂教学模式的变革,实现对传统课堂教学的根本性变革,使教学过程真正建立在学生自主活动、主动探索的基础上,通过学生全面、多样的主体实践活动,促进他们的主体精神、实践能力和多方面素质的整体发展。应该说,活动教学既是一种教育教学形式,更是带有新质的一种教育教学主张和思想。

1. 课题界定

(1)基于核心素养。学生素养发展是人才培养中的核心问题。"培养什么样的人"和"如何培养人"等根本问题,最终要从学生素养发展的层面才能得到切实的解决。人的素养在本质上是指人自身所存在的那些内在的、比较概括的、相对稳定的身心特征。人的素养既是在人的活动中形成、发展和显现的,人的素养与人的活动具有内在的关联性,人的素养又是对人的活动状况及其质量起决定作用的内在因素。因此,人的本质、人的发展及人的素养与人的活动之间存在内在的关联,只有充分认识活动与素养的密切关联性,认识人的素养学习活动形成机制,通过活动实现对人的素养的有效培养。①

人的素养本身是存在于人的身心结构之中,具有内在性、概括性及抽象性,脱离与人的活动的联系,很难清晰界定素养的含义和理解素养的特性。它虽然很真实,但是不可见。加之,一个整体的人具有多个方面的素养要素和复杂的素养结构,不能就素养谈素养。只有人的活动是具体的、可感的。通过观察和分析人的活动,能够清晰地把握人的素养问题。

基础教育综合改革的核心和关键是课堂教学改革,只有深化课堂教学改革,使课堂教学发生根本性的变革和转型,教师和学生才能实现全面发展。素养具有内在性,与人的生命活动联系在一起,它不能脱离活的人体而独立存在,它与知识不同,可以脱离活的人体而存在。因此,以知识为中心的课堂教学,坚持以知识授受为主,学生被动接受知识,无法培养学生发展核心素养。只有推进活动教学改革,在课堂教学中科学运用主体性活动培养学生的主体性,在多样化的主体活动中培养品德、智力、能力、创造力、情感、意志、理想、信念、世界观等多种素养。学生核心素养的培育只有通过活动教学才能落实,这是由核心素养的实质所决定的。因此,活动教学改革首先是基于学生核心素养的一项教学改革,是基于人的发展的整体改革与实验。教师在进行教学活动设计时,在明确学习目标以后,应当紧紧围绕学习内容,精心设计学习活动,引导学生参与活动,成为学习活动的创造者,让学习真正发生,让学习活动真正发生,让学生的思维真正发生,促进学生核心素养的落地。

(2)区域推进。活动教学改革首先是整体性改革,一是因为教学活动和活动教学化不是彼此孤立,而是互相联系、互相促进的,体现了教育意义和学科意

---

① 陈佑清. 在与活动的关联中理解素养问题[J]. 教育研究,2019(06):64-72.

义对教学的双重约束。教学活动体现教育意义,反映了教学要尊重学生实际,教学活动要贴近学生现实,以学生的社会经验和社会意识为基础,选择合适的教学策略和方法;而活动教学体现学科意义,表明课堂教学策略选择要受学科教学内容和目标的制约,两者相互联系、有机统一于教学全过程,统一于学生核心素养生成的始终。二是因为活动教学需要具备一定的实现条件:活动设计要突出任务驱动,活动设计要突出以问题为导向,活动设计要体现层次性,能为学生获得更多的活动经验提供广阔的探索空间。①

活动教学改革只有通过区域推进,才能获得最大化的资源支持,取得预期的效果。一是因为活动教学改革的核心是教学智慧,以区域为单位的教师教学智慧更加丰富、更加聚集,能够最大限度地满足活动教学改革所需要的教学改革智慧,寻找教学情境中蕴藏的经验意义,积极有效地引导学生体验、探究;让更多的学生积极参与、主动思考,体验问题解决、知识增长、能力与觉悟提高的乐趣,能从区域层面获得更加有效的样本。二是能从区域层面组建核心团队整体推进改革实验。在活动教学改革中,教师是教学的组织者、引导者和促进者。活动主题的确定、活动环节、活动环境创设、活动过程调控、活动成果展现和评价等,都离不开教师的作用。只有以区域为单位推进学校对改革的引导、组织和激励,才能促进教师积极有效地参与改革实验,保障活动教学改革与实验取得如期目的。②

(3)活动教学。活动教学意义上的活动既具有人类一般活动的特征,更具有自己丰富的内涵和规定性。教学的"活动",主要指的是在教师指导下的主体活动。它主要是指以学生主体学习兴趣和内在需要为基础,以学生主动参与、主动探索、主动思考、主动实践、主动创造为基本特征,以实现学生的有效学习、促进学生的主体性发展为目的的整体的、多样的活动。

实验中的"活动教学"是指以在教学过程中建构具有教育性、创造性、实践性的学生主体活动为主要形式,以激励学生主动参与、主动实践、主动思考、主动探索、主动创造为基本特征,以促进学生整体素质全面发展为目的的一种新型的教学观和教学形式。我们推动活动教学改革不仅仅是倡导教学组织形式的改变,更是涉及教育观念的深层次变革。要准确理解活动教学的精神实质,正确把握活动教学的内在特征:①以"活动促发展"作为指导思想;②以活动作

---

① 田慧生,郁波. 活动教学研究[M]. 武汉:湖北科学技术出版社,1999:8.
② 田慧生,郁波. 活动教学研究[M]. 武汉:湖北科学技术出版社,1999:8.

为自己的基本原则;③强调活动的自主、开放和创造;④注重活动过程的教育价值;⑤以民主和谐的师生关系作为前提。在活动教学改革实验中,要让活动体现为教师指导下学生借助特定情境的创设和一定问题的牵引,以知识、能力、情感、态度、价值观等多方面素养发展为目标,具有自主性、体验性、问题性和探索性为特征的主体活动。教学中的活动要根据学科教学的目标和要求,统筹规划,精心设计,使学科教学的"活动"具有学科教学的形态特性,体现活动教学的要求和意义,在活动中发展学生核心素养,促进学生全面发展。①

(4)整体改革。教育要以塑造整体人为使命,教育学需要建构面向整个人的心理结构。个体的活动是个体发展的决定性因素,没有个体的活动就谈不上任何发展。学生自身能动的活动是促进学生素养形成的机制。学生只有能动地参与活动,并亲身经历和完成活动的过程,学生的素养才能形成和发展。教师对学生的作用主要是通过对学生能动活动的作用而间接地改造学生的身心结构,教师教导作用的直接对象是"学生的活动",教师通过引起、促进、帮助学生活动,间接地影响学生素养的发展。②

学生的素养发展是通过自身能动活动过程实现的;而学生能动活动是整体的,是关于人的整体性活动,基于核心素养发展的活动教学改革是一项整体改革。这项改革实验必须从变革教师教育观念、创新学校文化、转变教学方式和改革评价机制等方面,进行基于素养的课堂教学整体改革,方能取得预期研究成果。

(5)实验研究。本课题为实验研究,通过实验前大量的问卷调查、座谈,把握临沂市罗庄区在学生核心素养方面的现状,特别是课堂教学对学科核心素养的落实策略,建立档案,梳理分析。提出一种因果关系尝试性假设,经过三年的实验,然后通过实验操作来检验。

2.本课题研究的框架和主要目标、重点难点与创新之处

(1)本课题研究的框架和主要目标。本课题坚持"注重教学理论与教学实践结合与转换""学生核心素养发展与活动教学融合与转换"的研究思路,采取龙头课题引领、教研员和学校全员参与项目的方式开展研究,坚持项目引领、学科融合、学段衔接、整体推进的策略,协同推进区域、中小学活动教学整体改革实验,促进学生发展核心素养的课程化、教学化,促进立德树人落地。

① 田慧生,郁波. 活动教学研究[M]. 武汉:湖北科学技术出版社,1999:8.
② 叶澜. 教育概论[M]. 北京:人民教育出版社,2006:211-212.

通过三年研究,达到如下目标:在实践方面,推动中小学课堂面貌发生根本转型,使教师和学生的精神面貌和整体素养得到实质性变化,构建形成区域(学校)活动化课程体系,促进区域教育质量发生突破性整体提升,使学生核心素养真正在中小学课堂上蓬勃生长;在理论方面,构建形成包括基于核心素养的活动教学范式、"活动—素养"教学论等在内的新型活动教学理论体系。

(2)本课题研究的重点、难点和创新之处:①基于核心素养的学科教学活动序列设计;②核心素养的活动教学转化;③核心素养的课程转化;④基于核心素养的活动教学范式构建;⑤基于核心素养的活动教学评价机制;⑥基于素养发展的活动教学整体改革策略。

本课题拟在学术观点基础上,形成新型的"文化性活动"素养观,构建基于核心素养的新型教育观、课程观、教学观、课堂观和质量观。

(四)实验研究假设

基于核心素养发展的区域推进活动教学整体改革实验研究,是一项针对"教学改革"、围绕"教学改革"而进行的教改实验。这项教改实验的理论假设必须弄清楚教育实验的前提性的问题(为什么要搞这项实验、实验的理论假设从何而来等)。据此,课改组提出科学可行的理论假设和使之实现的方法论体系。

1.教改实践假设

通过对临沂市罗庄区中小学教师教学现状进行深入调查,深刻发现传统课堂教学存在的系列问题,初步提出解决问题的方案和设想。通过行动研究和筛选法,总结梳理中小学各学科教师原始教学经验,提炼具有普适性和本质性的"纯粹经验",总结有效活动教学规律,创建"素养·活动"教学模式;经过充分的实践筛选和实验研究,进一步检验理论假设,推广应用教改实验成果。[①]

(1)总结提炼区域活动教学经验及模式。

(2)构建基于学生核心素养的区域教学整体改革模式。

(3)推动区域教学方式的整体转型。

(4)推动区域教研方式的整体变革。

(5)构建学科"素养·活动"教学规程及策略。

---

① 沈兰,郑润洲.变革的见证[M].上海:上海教育出版社,2008:52-53.

2. 教改理论假设

经过一段时间的基于核心素养的技能操作型活动教学模式、情感发展型活动教学模式、问题解决型活动教学模式的研究,在与活动的关联中理解人的素养问题,从与活动的联系中把握人的素养的含义及特性、核心素养及素养的结构,从学生活动出发正确认识和掌握学生核心素养的发展机制,目的在于让核心素养在课堂教学活动中落地,真正落实立德树人根本任务。[①]

(1)提炼形成基于素养发展机制的学生核心素养培养规律。

(2)构建素养教学的教导机制。

(3)构建基于全面发展的"素养·活动"教学模式。

(4)构建区域中小学"素养·活动"教学范式。

(5)探索构建"素养·活动"教学论。

(五)实验研究项目及其实施策略

本课题基于"核心素养概念及其相关的研究成果,对于解决我国基础教育所存在的突出问题的适应性和效果如何;核心素养研究成果能否解决2001年启动的新课程改革所没有解决的问题;核心素养研究的结论对解决我国中小学现行的课程与教学存在的突出问题能起什么作用,它需要哪些条件与之匹配才能产生理想的效果;素质教育在我国推广多年面临的困局,核心素养培养应该如何面对并寻求突破"等问题进行深入思考,围绕落实立德树人根本任务,进行科学规划设计研究项目,以期寻求核心素养培养的新突破。

1. 研究项目内容

活动教学改革核心课题是:基于核心素养的区域推进活动教学整体改革实验研究。教研员(学校)认领项目如下。

(1)整体研究项目。核心素养的活动教学转化策略研究,中小学活动课堂教学范式构建研究(活力、思维、高效课堂),基于活动教学的学校教育整体改革研究,活动教学与学生发展核心素养培育研究,活动教学与学生全面发展教育研究,基于活动教学的社会主义核心价值观校本推进研究,汉字语言规范应用研究(汉字听写、书法、普通话推广),大阅读教学改革(传统文化、读书节、阅读好时光)项目等。

---

① 陈佑清. 在与活动的关联中理解素养问题[J]. 教育研究,2019(06):64-67.

（2）教研转型项目。基于活动教学改革的教研转型、问题驱动区域教研方式构建研究，活动教学校本教研机制研究，活动教学课堂文化建设研究，项目驱动活动教学改革研究，基于活动教学的专业听课评课研究等。

（3）学科教学改革项目。活动主题教学改革研究、学科活动教学设计与实施研究、活动作文教学改革研究、学科活动德育研究、思政课活动教学改革研究、学科体验教学改革研究、学生心理健康教育研究、活动教学课例研究、活动教学课型研究等。

（4）区域（学校）活动课程开发。核心素养的课程转化策略研究、基于活动教学的区域推进综合课程建设研究（"四节联动"综合课程开发）、"四节联动"综合实践活动课程体系构建研究、基于活动教学的国家课程校本化改造研究、活动课程开发与实施研究、活动课程设置研究、阅历课程（研学旅行）开发与实施、研究性学习课程开发研究等。

（5）活动学习方式改革项目。读写研讲（学进去、讲出来）学习方式改革研究、小组合作学习机制构建研究、问题化学习设计与实施研究、项目学习设计研究、基于活动教学的学生作业分层设计与布批研究等。

（6）基于活动教学的教师队伍建设研究。基于活动教学的教师发展共同体建设（教科研共同体、学科教研共同体、读书学习共同体）研究、活动教学与教师专业发展研究、区域名师资源共享机制研究、特色教师与学校特色化发展研究、教师校本学习机制研究、名师校本培养策略研究、教师教育哲学形成研究、教师特色理论形成策略研究、特色教师教学风格形成研究等。

（7）活动教学评价模式研究。活动教学评价改革研究、活动教学团队评价改革研究、学习中心课堂教学评价研究、多元化评价模式改革研究、发展性教师评价机制构建研究、活动教学质量评估机制研究、活动教学考试改革研究等。

（8）区域推进策略的研究。随着课题研究的进行，各学校会不断涌现出一系列典型，如何发挥好典型的带动作用，优化典型经验，促进在更大的层面上、在更多的学校中验证典型的经验，推广典型的经验，是课题研究工作的一项重要任务。为此，将此项工作一同列入课题研究中，作为一个子课题专门研究。主要研究内容有：典型的发现与培植策略研究；典型经验的筛选与优化策略研究；典型经验的推广策略研究。

2. 实施原则

"基于核心素养的活动教学改革实验"研究的基本任务是通过教育实验的方式检验、验证、充实和发展活动教学的理论，提供活动教学的方法，架构起理论与实践之间的桥梁。作为活动教学体系的基本要素构成的教学目标、教学过程、教学内容、教学环境和教学评价等,是实验研究的切入点,需要展开深入的研究。在实验中采取以下三项基本原则。

(1)主动性原则。主动性原则是指教学必须有效地使儿童、青少年主动地参与到教学认识活动中来,积极地从事发现问题和解决问题的学习,发展开拓、创新的能力和个性特质。活动教学的主动性原则要促进的是学生的科学认知活动和社会实践活动,而不是单纯的观念或思维的活动。主动性原则的基本要求是:①由实际问题开始,激发主动学习的动机;②加大探索力度,采取主动探索的态度;③采用交流方式,激励主动开拓精神。

(2)发展性原则。发展性原则强调教学对个体认知、情感、态度倾向的不断影响,不仅使学生形成和增长关于现实世界的知识,而且要发展他们的理论思维和创造思维的能力,实现个体认识和经验的不断成长。发展性原则的基本要求是:①确立对知识、经验的不断发展的观念;②强调认知的不断深化和个性的不断完善;③加大智力操作的分量,发挥理论思维和创造思维。要做好每个项目的研究与实验,持续性地推进,久久为功,直至做大做强。

(3)整体性原则。整体性原则要求对事物各方面的因素及其联系和发展过程实现统一的认识和控制,以保证整体性功能的顺利实现。活动教学的整体性原则要求以科学认识活动为中心,强调多种认识活动的协调作用,实现对世界的整体性认识,实现个体能力和素质的全面提高。整体性原则的基本要求是:①以科学认识活动为中心组织教学活动;②强调对世界的整体性认识:一是加强各科知识间的联系和转换,二是提供不同编制方式的知识,三是强调由知识材料的认识上升为对世界统一性的认识;③促使教育整体功能的实现。活动教学以科学认识活动为中心,结合道德、审美、思维等活动,使各种知识的认识整体化,也使认识对情感、行为的影响直接化,促使知识、能力、态度倾向整体化的发展。①

整体性原则要求临沂市罗庄区开展对所有的教师与校长培训、寒暑假大讲堂、教科研节、各级各类课题研究、课堂教学评价、名师工作室建设、课程开发等教育教学活动,并纳入基于核心素养的活动教学整体改革之中,形成立德树人的合力。

① 赵祥麟,等. 杜威教育论著选[M]. 上海:华东师范大学出版社,1981:15-18.

3.活动教学实验策略

活动教学追求创新水平的教学,应体现其综合性、主题性、创新性、体验性等基本特征。因此,活动教学改革实验过程应采取以下基本策略。

(1)活动教学必须与课程类型、教学目标相一致。

(2)活动教学应适合学生发展水平和个性特征。

(3)教师指导与学生自主活动相统一。

(4)活动教学应坚持活动形式多样化、功能整合化。

(5)活动教学应考虑实际环境、教学条件。

(6)活动教学要与传递教学有机结合。

每位教研员(科室主任)认领、自选攻关项目开展研究,形成研究方案,定期汇报过程,形成阶段成果、论文、研究报告、最终成果等。做到人人有项目,并纳入年终考核。

(六)实验研究依据

活动教学是在马克思主义实践观指导下,充分挖掘和吸收了杜威、皮亚杰和前苏联心理学家的主动活动思想及其理论的精髓,借鉴了活动教育教学的丰厚实践经验,同时赋予了时代发展的新理念而诞生的一种教学思想和教学形式,是对历史的继承和超越。确立活动教学的思想理论依据是丰富而深厚的,主要表现在以下几方面。

1.马克思主义实践认识论

很长时期以来,我国教育理论对教学活动本质的界说普遍承袭着这样一个经典命题:教学过程是"一种特殊的认识过程"。在这样一个理论框架定向下,教学过程被视为在教师指导下,学生凭借书本间接地认识人类知识成果的单一过程,是知识的授受过程,甚至演化成简单地告诉与被告诉的过程。在这样的认识前提下,不可避免地造成了教育实践相当程度的偏差。社会现状迫使我们对这个教学的基本问题必须重新进行审视与思考。

前苏联的一些教育家和心理学家如列昂捷夫、达维多夫等人的研究使传统认识有革命性的突破。他们认为,以上对教学过程的简约化认识,忽略了教学活动与人类认识事物的一般规律具有同源性,即实践才是认识的起点。他们把马克思主义认识论中的"实践"概念引入到教学理论中,重视实践在认识形成中的作用,同时也看到了教学中的实践与人类一般的实践活动的差异,即不是以改造客观世界为目的,而是在于体现学生的有效发展,从而用"活动"这个概念实现了"实践"在学生这个特殊主体的认识发生中的作用的教育学对应概念、观念的转换,揭示了活动对教学的方法论意义,探索了活动在学生认识形成中的机制,从而为正确而全面地理解教学活动奠定了基础:教学既是认识过程,也应当是活动、实践过程,这种活动不是为实现教学的认识任务而作铺垫、可有可无,而是学生获得充分、全面发展的必须。教学理论和实践,必须重视学生主体活动的价值,只有这样,才是对马克思主义的认识论在教学中的辩证理解与发展。这种对教学"认识过程"的超越性认识,是活动教学得以构建的认识论基础。①

2. 活动——经验论

活动教育教学思想在西方经历了一个长期演变、发展、完善的过程,而真正在理论上成熟并走向教育实践却是在杜威时代。杜威对传统教育的种种弊端进行了深刻而系统的剖析和批判,提出了以儿童为中心、以活动为主和以个体经验为主的具有鲜明时代特征的活动教育的思想与主张。他强调儿童个体经验在教育中的地位。他认为,"教育即经验的连续不断的改造",而经验都是由"做"、由"活动"得来的,特别强调了儿童主动活动、主动"作业"的教育价值,以"做中学"作为基本原则和方法论体系的核心。他说,"教学应从学生的经验和活动出发,使学校在游戏和工作中采用与儿童、青年在校外所从事的活动类似的活动方式",为此,学校必须围绕儿童的各种本能的活动和社会生活经验这个中心来组织课程,提倡"活动—经验课程"。这些思想和实践在体系上更加丰富了活动教学的内涵。

杜威提出的具有划时代意义的活动教育理论和实践的完整思想体系,不仅开启了进步主义教育运动的序幕,推动了欧美现代化教育的进程,而且对于今天我们重新探讨活动教学具有重要的现实意义。

3. 心理学基础

当代心理学的多项研究成果表明,活动与人的心理的形成发展有着密不可分的关系。皮亚杰和列昂捷夫等人关于活动在人的认识、思维、个性等形成发展中的作用的研究,为活动教学提供了充分的心理学依据。

皮亚杰的发生认识论和儿童心理学深刻地说明活动在儿童的智慧、思维及

---

① 〔苏〕阿·尼·列昂捷夫. 活动·意识·个性[M]. 上海:上海译文出版社,1980.

认识发生、发展过程中所起的决定作用。他认为,人对客体的认识是从人对客体的活动开始的,思维、认识的发展过程就是在实践活动中主体对客体的认识结构不断建构的过程。活动既是认识的源泉,又是思维发展的基础,只有活动,才引起思维和认识的发展;儿童的活动水平是逐步提高并在不同年龄段有着阶段性特征,儿童思维的发展正是由一系列不同水平活动内化的结果。①

列昂捷夫以马克思主义的实践理论为指导,深入地探讨了对象性实践活动在人的意识、心理以及个性形成中的作用。他着重对人的个性这一更为复杂的心理构成物的形成发展机制进行了充分的揭示。他认为,个性是现实关系的总和,而这些关系是在活动中实现的,个性形成的动机是在活动中产生的,个性是在后天活动中才能形成的。人通过活动与周围环境发生联系,不断接受社会环境影响,积累经验,实现由"自然人"到"社会人"的转变,因此,活动是个性形成和发展的稳定基础。

4. 教育学基础

对于影响个体发展的因素问题,最具代表性的论断是凯洛夫提出的三因素论。这种观点认为,个体的发展受来自遗传、环境与教育三方面的影响,这些因素各自在发展中起着不同的作用。随着教育科学、心理科学的日益发展,这种具有"真理性"的论断越来越受到挑战,对其最大的质疑就是:这种论断局限在环境与有机体相互作用的水平上,过分强调了外在因素的作用,简单地把教育过程等同于发展过程,忽视了发展的主体——人的独特能动性对人发展的重要作用,忽视了人的主体活动和行为在发展中的作用。人的发展,不是由遗传环境和教育消极决定的,它们只是人发展的必要条件,而真正推动这种发展的是作为发展主体的人及其自主的、积极的、创造性的活动,活动才是影响人发展的决定性因素。只有通过活动,人的发展才能得以实现;没有活动,没有主客体的相互作用,也就失却了个体身心发展的内在动力,个体的发展也就无从谈起。②

因此,教育要有效地促进学生的主体性发展,就应精心设计有利于主体发展的各种活动,使学生真正成为活动的主体,使影响学生主体性形成和发展的各种因素达到优化,使各种不同的活动形式和决定着它们的诸多条件相互促进、紧密结合,从而使受教育者通过活动实现发展。

① 〔苏〕阿·尼·列昂捷夫. 活动·意识·个性[M]. 上海:上海译文出版社,1980.
② 叶澜. 教育概论[M]. 北京:人民教育出版社,2006:211-214.

(七)研究过程及方法

1. 研究过程

本课题研究计划用三年时间,分三个阶段完成。

第一阶段:准备阶段(2020年1月—2020年5月)

(1)组建核心组,学习与实验相关的理论,召开核心组成员会议。

(2)教学调查:设计调查问卷、发现问题、梳理问题,确定研究方向和重点。

(3)确定实验假设,建立实验研究组织,收集调查研究相关的资料。

(4)制订实验研究规划、实验计划,设计实验研究方案,建立实验研究基地和实验学校,成立学科实验组,对实验组成员进行分层培训,对优秀教学经验进行筛选和提炼。

(5)聘请中国教科院郝志军所长、华中师范大学陈佑清主任、山东师范大学徐继存院长等领导和专家组成专家指导组,进行理论指导。

(6)举行实验课题启动会,邀请专家现场指导、论证,撰写课题实验开题报告,修改完善实验实施方案。

第二阶段:实验实施阶段(2020年6月—2021年11月)

(1)落实核心组成员研究任务,通过学习理论、进行教学实践,积累经验,讨论完善理论框架,为实验的全面实施做好铺垫。

(2)邀请专家参与实验研究的教师指导工作。

(3)根据实验研究方案,启动实验课题研究。对搜集的中小学教师经验加以筛选,指导教师制订典型经验实施计划,边实施边提炼形成"纯粹经验"。根据素养形成与活动相关对应性规律,开展各科教与学活动设计,同时开展各学科实验研究。

(4)根据实验研究方案,及时收集实验研究信息,加强调控,不断完善实验过程。

(5)定期召开实验研讨会,总结交流经验。完成各学校、各学科实验任务,写好学科实验研究报告。

(6)继续深入研究,完善理论框架,边构建、边应用,由点到面并逐步推广。积累实验研究材料,形成阶段性实验研究报告,进行课题中期评估。

第三阶段:总结提升与推广阶段(2021年12月—2022年5月)

(1)汇集材料,整理分析研究结果,撰写总结性研究报告。

(2)申请结题,举办重大改革研究成果展示活动。

(3)召开课题验收鉴定会,提交研究成果,申请课题鉴定,总结推广课题研究成果。

(4)邀请《人民教育》《中国教育报》《中国教师报》《山东教育》等报纸杂志的主编、记者,策划和总结并做典型宣传推介。

2.研究方法

各研究单位、实验教师可选择使用行动研究法、实验研究法、文献研究法、调查研究法、经验总结法、案例研究法等,形成各自的研究特色。但是要以行动研究法为主,突出行动研究法。因为行动研究法是一种适应小范围内教育改革的探索性的研究方法,其主要目的不在于建立理论、归纳规律,而是针对教育活动和教育实践中的问题,在研究中不断地探索、改进和解决教育实际问题。行动研究将改革行动与研究工作相结合,与教育实践的具体改革行动紧密相连。

(八)本课题拟预期成果

1.著作类

(1)《基于核心素养区域活动教学范式构建》。

(2)《活动教学改革:核心素养落地的秘密》。

(3)《基于核心素养的活动教学教材内容优化设计》。

(4)《课堂教学真正转型的秘诀》。

(5)《核心素养落地的力量》。

2.论文类

"素养·活动"教学策略构建与实施系列论文。

3.案例类

(1)核心素养的活动教学转化案例集萃。

(2)"活动教学整体改革"典型案例及相应的光盘资料。

4.经验典型类

(1)"活动教学改革"经验成果的总结、应用与推广。

(2)打造一批特色名校。

(3)培养若干特色名师。

(九)保障措施

1. 组织保障

建立课题研究领导小组,全面领导课题研究工作。课题研究领导小组将聘请国内著名专家作为课题顾问,为研究工作奠定学术基础。课题组将在市教科研中心指导下,全面组织和协调全区研究力量,注重发挥区教学研究中心和各科教研员、各校校长、各类骨干、各级名师的作用,领衔各子课题研究。初步拟定在各科教研员的带领下,从全区各级各类骨干、名师中聘请一定数量的研究带头人,带领各自的研究团队进行重点攻关,力争快出成果。

2. 技术保障

课题组将依托临沂市罗庄区教研信息网络资源,构建课题研究的交流互动平台,充分发挥网络的及时性、互动性特点,将各项目组、各研究人员的研究成果及时上传到网络上,供大家交流学习。临沂市罗庄区教育和体育局将举全区之力,购买计算机、打印机、研究文献等物资。各学校也要充分发挥各自的优势,为本校教师的项目研究提供最好的技术支持。

3. 经费保障

临沂市罗庄区教育和体育局决定从教师培训、教科研专项经费中每年拨出专款 200 万元,用于课题研究、资料购买、外出学习、专家支持、互动交流、成果宣传推介等费用,并决定资助业绩突出的研究成果,鼓励教师著书立说,对重大成果给予表彰和奖励。

【附】

一、课题指南

(一)核心课题

基于核心素养的区域推进活动教学整体改革研究与实验。

(二)课题研究项目

1. 综合项目

核心素养的活动教学转化策略研究、中小学活动课堂教学范式构建研究(活力、思维、高效课堂)、基于活动教学的学校教育整体改革研究、活动教学与学生发展核心素养培育研究、活动教学与学生全面发展教育研究、基于活动教学的社会主义核心价值观校本推进研究、汉字语言规范应用研究(汉字听写、书法、普通话推广)以及大阅读教学改革(传统文化、读书节、阅读好时光)项目等。

2. 教研转型项目

基于活动教学改革的教研转型、问题驱动区域教研方式构建研究、活动教学校本教研机制研究、活动教学课堂文化建设研究、项目驱动活动教学改革研究、基于活动教学的专业听课评课研究等。

3. 学科教学改革项目

活动主题教学改革研究、学科活动教学设计与实施研究、活动作文教学改革研究、活动学科德育研究、思政课活动教学改革研究、学科体验教学改革研究、学生心理健康教育研究、活动教学课例研究、活动教学课型研究等。

4. 区域(学校)活动课程开发

核心素养的课程转化策略研究、基于活动教学的区域推进综合课程建设研究("四节联动"综合课程开发)、"四节联动"综合实践活动课程体系构建研究、基于活动教学的国家课程校本化改造研究、活动课程开发与实施研究、活动课程设置研究、阅历课程(研学旅行)开发与实施、研究性学习课程开发研究等。

5. 活动学习方式改革项目

读写研讲(学进去、讲出来)学习方式改革研究、小组合作学习机制构建研究、问题化学习设计与实施研究、项目学习设计研究、基于活动教学的学生作业分层设计与布批研究等。

6. 基于活动教学的教师队伍建设研究

基于活动教学的教师发展共同体建设(教科研共同体、学科教研共同体、读书学习共同体)研究、活动教学与教师专业发展研究、区域名师资源共享机制研究、特色教师与学校特色化发展研究、教师校本学习机制研究、名师校本培养策略研究、教师教育哲学形成研究、教师特色理论形成策略研究、特色教师教学风格形成研究等。

7. 活动教学评价模式研究

活动课堂教学评价改革研究、活动教学团队评价改革研究、学习中心课堂教学评价研究、多元化评价模式改革研究、发展性教师评价机制构建研究、活动教学质量评估机制研究、活动教学考试改革研究等。

二、教改实验组织

(一)专家指导组

拟聘请国家、省市级活动教学理论与实践研究知名专家中国教科院郝志军、华中师范大学陈佑清、山东师范大学徐继存教授及上海、江苏等地区实践专家、山东省专家等六人组成。

职责：分层分期对全区的校长、教研员和教师开展理论与实践培训；定期对实验学校、实验教师进行菜单式跟进指导。

（二）教改实验领导小组

职责：研究制订教改决策及教改政策文件，及时调度、反馈实验改革进展情况。

（三）教改核心组

职责：负责理论研究和著作结构策划；负责调查问卷、实验方案、实验规划的制订；负责统筹协调各实验学校、实验学科进展情况；统筹实验开展等。

（四）学科课程指导组

职责：负责制订全区学科实验规划、编制学科活动教学改革方案，负责学科活动设计、发现课例和课例研究、案例收集等。

（五）学科实验组

职责：负责制订学科实验计划；发现搜集学科实验成果；总结提炼典型教师、典型课例和先进经验；整理及上报学科实验成果资料，每学科每月办一期简报，提交有价值的实验成果。

（六）实验学校

1. 遴选首批实验学校。

2. 职责：按照核心组实验规划和实验实施方案等文件，选择实验学科开展实验，发现总结和提炼实验成果、典型等及时上报，纳入教学工作和综合督导考核。

（七）成果推广组

职责：制订成果推广方案，策划提炼推广实验成果，联系人民教育、中国教育报等五家媒体等。

（八）保障组

职责：负责人员调配、师训、技术支持、档案管理等。

第二章 "素养·活动"教育原理

在落实中国学生发展核心素养,研究构建基于核心素养的课堂教学新范式过程中,课改组确立提出了"素养·活动"概念。它作为一个完整的、崭新的概念,具有丰富的内涵,体现先进的教育理念。只有对"素养·活动"的基本特性、学理内涵、教改定位、教改主张等有深刻认识和充分感悟,理解其中蕴含的教育原理,才能在实践实验中科学运用,达到预期的实验目的。

一、"素养·活动"教改基本特性

活动教学是指以在教学过程中建构具有自能性、创新性、实践性的学生主体活动为主要形式,以激励学生主动学习(参与、实践、思考、探索、创造)为基本特征,以促进学生全面发展为目的的一种新型的教学观和教学形式。从"以满堂灌、满堂问、题海战为主"的教学形式转变为"以自主活动为主"的教学形式,这不仅仅是改变教学组织形式的问题,更是涉及变革教育观念深层次的问题。只有把握"素养·活动"的内在特征,才能顺利实践这一先进的教育理念。我们认为,"素养·活动"教学具有以下特性。

(一)实践性

这里的实践性是指学科活动之中的实践,其本质是一种学习,即实践型的学习或学习型的实践。"教师在教学过程中注意引导学生在参与互动中学习,在交往中学习,在体验中学习,在游戏中学习,在探究中学习,在生活中学习,在各种亲自操作和实践活动中学习。"[1]让作为主体的学生的身体进入教学中,发挥身体知觉的认识能力,让学生把每种感官都调动起来以自己的方式来与物体交流,让颜色、线条、色彩、形状成为对事物的思考方式,打通感官之间的屏障,

---

① 余文森.论学科核心素养形成的机制[J].课程·教材·教法,2018(01):4-14.

联系感官之间的感觉,发现声音的视觉、颜色的听觉,达到对事物本质的认识。实践学习的核心要素是身体参与。

学习的过程就是脑、手、口等并用的过程。学习时要用自己的脑子思考,用自己的眼睛看,用自己的耳朵听,用自己的嘴巴说,用自己的手做,即用自己的身体去经历,用自己的心灵去感悟。这不仅是理解知识的需要,而且是激发学生生命活力、促进学生生命成长的需要。杜威的做中学理论更是全面深刻地阐述了动手的价值和意义,他认为,个体要获得真知,就必须在活动中主动去体验、尝试、改造,必须去"做",因为经验都是由"做"得来的。

实践性强调做中学和用中学。杜威的做中学要求"在课堂中,要为儿童准备具有充分活动的地方,备有适合儿童活动所需要的各种材料和工具,要在学校里设实验室、工厂、园地等,让儿童在制作的活动中学习,而不是静坐在有秩序的桌椅上听教师系统传授间接经验"①。用中学则将"用"知识作为"学"知识的一种手段和方法,将"用"知识的过程看作"学"知识的过程,认为知识的运用过程也包含着知识的学习过程,或者知识运用本身就是一种知识学习过程。

(二)思维性

"听说读写,思维是个总开关。"学科思维是学科活动最具实质性的构成部分。爱因斯坦强调指出:"发展独立思考和独立判断的一般能力,应当始终放在首位,而不应当把获得专业知识放在首位。"②基于思维的学习是学科活动的最本质的特征,引导学生学会思维既是学科学习的凭借又是学科学习的目标。

就学科性质和思维类型而言,必须强调学科思维,即体现学科性质和特点的思维活动。学科思维既不是静态的学科知识与技能,也不是简单的解决问题的"处方",而是探寻思考、解决和评价学科问题的有效方法的思维方式。它是面对问题时所运用的思维方式,其根植于所学学科内容之中,是学科的灵魂。

在一般或通识层面,思维主要是指抽象概括与逻辑分析的一种认知过程、方法或能力,它是学生接受知识、发现知识或建构知识的基本前提;学科认识活动的核心是学科思维,表现为学科特有的理解问题和分析问题的思维方式,它使学生能像学科专家一样深入思考问题。例如,像数学家一样思考数学,像科

---

① 张莹. 对杜威"从做中学"思想的解读[J]. 包头职业技术学院学报,2008(12):18.
② 〔美〕爱因斯坦. 相对论[M]. 周学政,徐有智译. 重庆:重庆出版社,2006:1.

学家一样思考科学,像历史学家一样思考历史。相对而言,语文学科要强调言语直觉思维、文章逻辑思维、文学形象思维,数学学科要强调抽象思维和逻辑推理思维,物理、化学、生物要强调科学思维和理性思维,历史要强调现场思维,地理要强调综合思维。

(三)自能性

"自能"即"自主"和"能动"。"自主"顾名思义就是自己做主,自己能动地学习。就是在课堂教学中,允许学生用各自不同的方式去学习,允许学生在课堂上充分表达自己的见解。"能动"是指学生学习的主观能动性,这是自能课堂的核心,是学生学习能否取得好的效果、学习水平能否迅速提高的关键性因素。"自能"强调独立,但并非要求学生脱离课堂和老师的教学独立学习,它提倡的是在老师指导下,有步骤、有计划、有目的地学习,在学习的过程中让学生学会自主探究、自主学习,养成积极主动思考的习惯、主动求知的欲望和深入探究的意识等等。

叶圣陶先生曾这样朴素而又深刻地描述成功语文教学的特征:"自能读书,不待老师讲;自能作文,不待老师改。老师之训练必做到这两点,乃为教学之成功。"叶老的这种"不教之教"的教学理念阐明了教与学的辩证统一关系,为我们处理教与学这对矛盾提供了理论依据。在教学中,教是手段,学是目的,教学的最终目的"教是为了不教"。叶圣陶反复强调"教师所务惟在启发导引"。从认识上说,这首先是由学校学科教学的最终目的决定的。"尝谓教师教各种学科,其最终目的在达到不复需教,而学生能自为研索,自求解决。故教师之为教,不在全盘授与,而在相机诱导。"教师的教授方式不应当是"填鸭式"的"满堂灌",而应是启发诱导;学生从教师那里学到的不仅仅是知识,更重要的是学到能够进行自我教育的学习方法。学习的终极目标在于解决问题,在于创造。①

(四)情境性

知识是"盐",情境是"汤",盐只有融入汤才好入口,知识只有融入情境才好理解和消化。知识只是素养的媒介和手段,情境是知识转化为素养的重要途径。因此,构建从真实的情境中学习的认知路径,是知识通向素养的必然要求。创设情境就是构建课程知识内容与学生的生活、经验、情感、生命相接的过程,

---

① 胡红杏. 项目式学习:培养学生核心素养的课堂教学活动[J]. 兰州大学学报,2017(06):34.

情境的创设要体现以下要求。

1. 基于生活性

强调情境创设的生活性,其实质是要解决生活世界与科学世界的关系。创设教学情境,一是要注意联系现实生活,在学生鲜活的日常生活中发现、挖掘情境资源。只有在生活化的学习情境中,学生才能切实弄明白知识的原理和知识的价值。二是要挖掘和利用学生的经验。学生原有的知识和经验是教学活动的起点,任何有效的教学都始于对学生已有经验的充分挖掘和利用。

2. 包含问题性

有价值的教学情境一定是包含问题情境的,它能有效地引发学生的思考。情境中的问题要具备目的性、适应性和新颖性。目的性是指,问题是根据一定的教学目标提出来的,目标是设问的方向、依据,也是问题的价值所在;适应性是指,问题的难易程度要适合全班学生的实际水平,以保证大多数学生在课堂上都处于思考状态;新颖性是指,问题的设计和表述具有新颖性和生动性,能够产生真正吸引学生的效果。

3. 体现形象性

情境创设的形象性,其实质是要解决形象思维与抽象思维、感性认识与理性认识的关系。为此,老师创设的教学情境,首先应该是感性的、可见的、摸得着的,它能有效地丰富学生的感性认识,并促进感性认识向理性认识的转化和升华;其次应该是形象的、具体的,它能有效地刺激和激发学生的想象和联想,获得更多的知识,并促进形象思维与抽象思维的互动发展。

4. 注重学科属性

学科性是教学情境的本质属性。情境创设要体现学科特色,充分挖掘学科自身的魅力,利用学科自身的内容和特征来发生情境。例如,利用语文、英语的人文性、言语性来创设语文的教学情境;利用数学的严密性、抽象性来创设数学的教学情境。当然,教学情境应能体现学科知识的发现过程、应用条件以及学科知识在生活中的意义和价值。

在学科核心素养与实际问题情境的关系中,某种学科核心素养一旦形成,它就能够在学生后续学习和问题解决过程中广泛地发挥迁移作用,就能够使学生在面临实际的问题情境(包括学习问题情境和生活问题情境)时具有更广泛的适应性。反过来,问题情境是学科核心素养发展的最佳场域,学科核心素养的发展离不开问题情境。① 而在某种意义上讲,面临实际问题情境时所表现出来的适应力又是学科核心素养的基本表现。否则,我们强调的学科核心素养就失去了它的理论价值与课改意义。

(五)学科性

学科活动既有共性的,又有个性的。学科活动的组织和展开必须体现学科的本质和功能。叶澜教授曾说:"每个学科对学生的发展价值,除了一个领域的知识以外,从更深的层次看,至少还可以为学生认识、阐述、感受、体悟、改变这个自己活在其中,并与其不断互动着的、丰富多彩的世界和形成、实现自己的愿望,提供不同的路径和独特的视角、发现的方法和思维的策略、特有的运算符号和逻辑;提供一种只有在这个学科的学习中才可能获得的经历和体验;提供独特的学科美的发现、欣赏和表达能力。学科活动必须给学生独特的经历和体验、独特的任务和要求。"②

只有抓住所教学科的本质属性,才能真正彰显这门学科对于学生发展的价值。"'学科性'是衡量教师个性化教学的主要标准,无论教师的教学方法多么新颖和富有个性,如果其方法不能反映任教学科的特点和需要,这种教学活动也很难说是真正具有'个性'的。因此,在学科教学个性化理念指导下,教师在教学活动中应充分体现任教学科的特点和需要,教学方法的选择与教学场景的设置等都要围绕并服务于特定学科的特点和需要,并体现特定学科的精气神。"③

特别强调的是,学科知识与学科活动相互作用产生化学反应的结果是学科核心素养,两者缺一不可,而且必须是化学反应,而不是物理反应。目前,根据新修订的课程标准编制的新教材,有些学科的教材以学科知识为主线、明线,即学科知识是显性存在;有些学科的教材则以学科活动为主线、明线,即学科活动是显性存在。我们要依据学科核心素养形成与培育的要求,同时考虑学科特点和学生特点,妥善处理两者的关系,使学科教学过程真正成为学生学科核心素养形成的过程。

① 李吉林. 为儿童快乐学习的情景教学[J]. 课程·教材·教法,2013(02):23.
② 叶澜. 融通"教""育",深度开发学科的育人价值[J]. 今日教育,2016(3):29.
③ 郭华. 基于深度学习的教学改进[J]. 教育科学论坛,2015(02):15.

二、"素养·活动"教改科学定位

开展任何教改实验,首先必须要有一个科学、准确的定位,"素养·活动"也不例外。"素养·活动"具有科学而丰富的学理内涵,用最凝练的语言概括就是"基于活动,为了素养,在活动中形成和发展素养"。它是以指向学生发展核心素养为己任的,建构学习中心课堂,能动的文化性活动是课堂学习的枢纽,以综合性学习为主要任务,以问题为导向,以活动为中介建构学习共同体,促进师生教学相长,实现师生全面发展,推动中小学课堂教学实现整体转型。

(一)"素养·活动"概念

"素养·活动"是指以"活动"的具体形式表征并反映教学的属性,即学科教学要以"活动"的理念和要求确认、凸显和表征自己的存在。从外在表现形式看,活动化教学指向学生为中心的具体的"活动";从内在本质看,活动化教学集中反映以"活动"为主要形式的师生多元互动的存在形式。可见,活动化教学是因活动的存在和规定而赋予的一种教学属性,它蕴含着"活动"这一关键要素,同时教学中的活动化有着内在的规定和要求,活动化教学有其自身的特定的内涵。活动化教学是以激励学生主动参与、主动实践、主动思考、主动探索、主动创造为基本特征,以促进学生创新精神、整体素质全面与核心素养的提高为目的的一种新型的教学观和教学形式。活动化教学的"化"就是把"活动"融入学习之中,活动化教学包括两层含义,即教学活动化、活动教学化。活动化教学应具有以下基本特征:情境性、整体性、主体性、实践性等。①

(二)"素养·活动"与主题学习的关系

商务印书馆《现代汉语词典》(第7版)解释,所谓"主题",是指"艺术作品中所表现的中心思想,是作品思想内容核心";泛指谈话、文件、会议等的主要内容。在今天,"主题"一词的运用越来越广泛,有主题班会、主题展览、主题公园、主题词等。由此可见,"主题"的内涵可大可小。不同的主题有不同的内涵和外延。从这个意义上讲,"主题"既是人类为了认识自身及自身之外的世界而概括、归纳出来的某些范畴,也指某些特定的内容。因此,主题本身不是一个狭

① 王喜斌. 学科"大概念"的内涵、意义及获取途径[J]. 教学与管理,2018(08):46.

窄、固化和封闭的概念,而是多义、开放、宽泛的。

主题学习是指学生围绕一个或多个经过结构化的主题进行学习的一种学习方式。在这种学习方式中,"主题"成为学习的核心,而围绕该主题的结构化内容成了学习的主要对象。可以分为学科主题学习和综合性主题学习。

主题式学习的特点是围绕一个相对集中、独立的主题开展学习。学习内容既是经过结构化处理的,又是开放、多元的。在主题学习中,教师是主题内容的组织者,学生是主题的主动学习者。因此,主题单元能强化学习者对学习内容的理解,有助于学习获得整体、全面的知识,调动学习者的学习兴趣和参与学习的积极性,培养学生问题意识和解决问题的能力。

近几年的"语文主题学习"实验是以高效课堂、学生自主学习和课内大量阅读为特征,以编写围绕教材单元"主题"的实验教材为载体的语文学习体系。其中的"主题"依托教材单元主题,或者说,使教材单元主题进一步深化、拓展和延伸。"语文主题学习丛书"则以教材中某一单元主题或其中一篇课文为出发点,充分发挥其"例子"作用,从作者、体裁、内容、情感、写法等角度,做相关、相近、相反、相对的延展链接,构建新的课程资源。

作为一种学习方式,主题学习是"素养·活动"的方式之一,但不是唯一的方式。在"素养·活动"中,主题学习的表现形式是以素养教育为目标,以围绕主题结构化的内容为载体,以活动为主要形式。①

(三)"素养·活动"与大单元学习的关系

单元,是一种学习单位,一个单元就是一个学习事件,一个完整的学习故事,因此,一个单元就是一个微课程。现有教科书中的单元,譬如,语文教材中一个单元通常是一个主题下的几篇课文,如果这几篇课文没有一个完整的"大任务"驱动,没有能组织成一个围绕目标、内容、实施与评价的"完整"的学习事件,那就不是我们所讲的单元概念。确切地说,那只是内容单位,而不是学习单位。这里所说的"单元",用建筑单元来类比更易理解,原有教材的单元好比一个独立的钢筋、水泥等建材单位,而学习单元则好比我们的住房"单元",一幢由几个单元组成的建筑,就好比一个由几个单元组成的学期课程(也可叫模块)。一个建筑单元由屋顶、户型、楼层、楼梯、钢筋、水泥、门窗等组成,依此可以类比,一个学习单元由素养目标、课时、情境、任务、知识点等组成,单元就是将这

① 陈佑清. 学习中心教学论[M]. 北京:教育科学出版社,2019.

些要素按某种需求和规范组织起来,形成一个有结构的整体。

那么,为什么要倡导"大"单元呢?"大"的用意有三:一是指向学科核心素养的教学倡导大观念、大项目、大任务与大问题的设计,其出发点不是一个知识点、技能点或一篇课文,而是起统率作用的"大"的观念、项目、任务、问题,以此来提升教师的站位,改变教师的格局。只有进行大单元设计,让教师像学科专家那样思考,才有利于教师理解学科育人的本质。二是针对现实中有许多教师只关注知识、技能、习题、分数等,而忽视学生的能力、品格与观念的培养,导致"高分低能、有分无德、唯分是图"的问题,大单元设计有利于教师改变着眼点过小过细以致见书不见人的习惯做法,明白"大处着眼易见人"的道理。三是从时间维度来看,大单元设计与实施有利于教师正确理解时间与学习的关系,确立"以学习者为中心"的观念。当前教学设计通常是以"课时"为单位,导致"时间决定学习",而不是"学习决定时间"。诚然,没有时间就没有课程,但课程不是以"下课"为结束标志的,而是以学生学会即目标达成为结束标志的。就班级教学而言,至少要有 2/3 的学生达成目标,课程才可以转换到新的内容。

如何确定大单元?至少要考虑以下 4 个问题。

一是研读本学期的相关课程材料,特别是教材的逻辑与内容结构、与教材内容对应的课程标准的相关要求,学生的认知准备与心理准备,可得到的课程资源等,按照规定的课时判断本学期大致可以划分为几个大单元;二是依据学科核心素养的相关要求,厘清本学期的大单元逻辑以及单元名称,如到底是以大任务或大项目来统率,还是以大观念或大问题来统率;三是一个单元至少对接一个学科核心素养,依据某个核心素养的要求;四是综合考虑单元设计的要素,包括名称、课时、目标、情境、任务、活动、资源、评价等,并以相对规范的格式呈现出完整的设计方案。

如何设计一个大单元的学习?

一个学期的大单元名称与数量确定好以后,就需要按单元设计专业的学习方案。单元学习方案应该是一个完整的学习体系。按大单元设计的学习方案要把 6 个问题说清楚:一是单元名称与课时,即为何要花几课时的时间学习此单元;二是单元目标,即此单元要解决什么问题,期望学生学会什么;三是评价任务,即何以知道学生已经学会了;四是学习过程,即要经历怎样的过程才能够学会;五是作业与检测,即学生真的学会了吗;六是学后反思,即通过怎样的反思让学生管理自己的学习。单元教学设计是教学专业性的重要体现,它是基于学生立场、对学生围绕某一单元开展的完整学习过程所做的专业设计。从期望学生"学会什么"出发,逆向设计"学生何以学会"的过程,为学科核心素养的落地指明了清晰的路径。

如何介入真实情境与任务?指向素养的学习必须是真实学习,真实学习必须要有真实情境与任务的介入。只有在真实情境下运用某种或多种知识完成特定的任务,才能评估关键能力、必备品格与价值观念。当今惯用的双向细目表,适合评估知识点的识记、理解、简单应用,但显然与学科核心素养的目标是不匹配的。因此,每一个大单元教学设计都必须介入真实情境与任务。该任务既可以是学习任务,也可以是评估任务。此处的"真实"有三层意思:第一,把真实情境与任务背后的"真实世界"直接当作课程的组成部分,以实现课程与生活的关联;第二,只有学以致用、知行合一的学习才是真实的学习,中小学生对于知识的意义的感受与理解往往是通过在真实情境中的应用来实现的;第三,评估学生是否习得核心素养的最好做法就是让学生"做事",而"做事"必须要有真实的情境。

大单元学习是"素养·活动"实现的必经之路。学生发展核心素养,主要是指学生应具备的、能够适应终身发展和社会发展需要的必备品格和关键能力,具有综合性、情境性,越综合的情境越有利于素养的培养。而原有的以课为单位的教学方式,容易使知识碎片化,单元作为不能再进一步分解的活的组成部分,具有整体所固有的一切基本特性。一个单元就是一个学习事件、一个完整的学习故事,有利于素养的培养。①

(四)"素养·活动"与情境教学的关系

情境教学是李吉林老师于1979年起开始的一项研究,从最初的"外语情景教学法"的尝试移植,到吸纳民族文化经典,创造性地运用于作文教学,走出具有中国特色的道路;又借鉴运用图画、音乐、戏剧等艺术手段,让阅读教学美了起来,逐步形成了今天促进儿童快乐、高效学习的情境教学。在探索的过程中,情境教学吸收其他教学法的长处,优化语文教学结构;同时汲取我国当代语文专家的思想,在不断地反思、追问中构建起情境教学、情境教育以及情境课程的理论框架操作体系。

"真、情、思、美",是整个情境教育构架的核心元素,"形真""情切""意远""理寓其中"是其鲜明的个性特点和独特优势。以图画再现情境,以音乐渲染情

① 余文森. 核心素养导向的课堂教学[M]. 上海教育出版社,2017:70-73.

境,以表演体会情境,以语言描绘情境,加上"以生活展现情境""以实物演示情境",这是创造情境的 6 条途径。李吉林老师在情境阅读中归纳出以下程序、步骤:"初读——创设情境抓全篇,激发学习动机""细读——强化情境,理解关键词、句、段""精读——凭借情境品尝语感,欣赏课文精华",同时找到了学生在情境阅读中"入情—动情—移情—抒情"的情感发展脉络。

情境教学之所以要创设情境,一是教材本身是有情有境的,二是知识必须镶嵌在情境中,三是儿童适合在具象性的情境中建构知识。因此,通过情境来再现课文描写的情境,是顺乎认识规律与儿童天性的。

情境教学促进学生发展的"五要素":一是以培养兴趣为前提,诱发主动性;二是以指导观察为基础,强化感受性;三是以发展思维为核心,着眼创造性;四是以情感为动因,渗透教育性;五是以训练语言为手段,体现实践性。也即情境教育的五大原则:主动性原则、美感性原则、创造性原则、教育性原则、实践性原则,从而使情境教育有了构架性的支撑。①

核心素养实际上就是一种把所学的学科知识和技能迁移到真实生活情境的能力和品格。要养成这种素养,意味着学生的学习应该是在一个又一个基于真实生活情境的主题或项目中通过体验、探究、发现来建构自己的知识,发展自己的能力,养成自己的品格。因此,发展核心素养的学习是人和真实生活情境之间持续而有意义的互动,情境教学是核心素养培育必需的手段。

(五)"素养·活动"与项目式学习的关系

项目是在有限时间内完成创造特定产品或服务的任务。在教育教学领域,基于项目的学习则是学生围绕某个与现实需求相关的课题,应用学科概念或原理,借助多种资源进行合作研究和设计,在有限时间内解决一系列的相关问题的探究型学习模式,是一种以建构主义理论为指导,以小组合作方式进行项目规划及解决项目任务的学习方式。②

高质量的基于项目的学习包括关键知识、21 世纪技能(核心素养)、驱动性问题、深度探究、知识需求、意见和选择、回顾与反思等 8 个要素。其中,关键知识和 21 世纪技能位于教学的核心,学生在项目研究中学习和应用课程标准所规定的学科重要概念和技能,发展批判性思维、问题解决、合作与交流以及创

①　李吉林. 为儿童快乐学习的情境教学[J]. 课程·教材·教法,2013(02):16.
②　周金虹. 实施项目式学习 发展学科核心素养[J]. 中小学教师培训,2018(8):12.

造、创新思维能力等 21 世纪核心素养。在学科教学中,尽管不是所有单元都必须或者能够结合一个项目,但当项目方法适合一定的学习主题时,将会极大地推动学生的深度学习。基于项目的学习更多地应用于跨学科主题的学习当中,如 STE 课程、创客课程等。当然,在学科内也可以运用项目式学习,即常规教学中的项目式学习,它是指基于课程标准,以小组合作方式对真实问题进行探究,从而获得学科知识的核心概念和原理,发现创新意识和一定学科能力的教学活动。

项目式学习首先是一种学习,其学习本质主要体现在,必须有目标、有计划、有评价,强调学习者的中心地位;同时,项目式学习又要体现出项目特质,包括真实的情境性、系统思维和产品导向。夏雪梅将项目式学习按照课程要素整合为"素养目标""驱动性问题""持续探究""全程评估"四大要素。"问题性""合作性""探究性"是项目式学习的特征。[①]

由此可见,项目式学习是实现深度学习、培养学生素养的渠道之一,可以在学科教学中开放,更多地应用于跨学科主题的学习中,但不一定适合所有的单元,是"素养·活动"实验的方式之一。

(六)"素养·活动"与深度学习的关系

深度学习也被译为深层学习,是美国学者 Ference Marton 和 Roger Saljo 借助布鲁姆"学习有深浅层次之分"的观点,于 1976 年首次提出的关于学习层次的一个概念,是与浅层学习相对而言。按照布鲁姆认知领域学习目标分类所对应的"记忆、理解、应用、分析、评价、创造"6 个层次,浅层学习的认知水平只停留在前 2 个层次,深度学习的认知水平则对应后 4 个较高级的认知层次,涉及高阶思维,高阶思维是深度学习的核心。

鉴于以上认识,深度是一种基于理解的学习,是指学习者以高阶思维的发展和实际问题的解决为目标,以整合的知识为内容,积极主动地、批判地学习新的知识和思想,并将它们融入原有的认知结构中,且能将已有的知识迁移到新的情境中的一种学习。

深度学习不仅需要学生积极主动的参与,还需要教师通过确立高阶思维发展的教学目标、整合意义连接的学习内容、创设促进深度学习的真实情景、选择持续关注的评价方式进行积极引导。

---

① 夏雪梅. 项目化学习的实施:学习素养视角下的中国建构[M]. 北京:教育科学出版社,2020:23.

判断深度学习的几个指标如下。

联想与结构：联想是指学生根据当前的学习活动调动、激发以往的知识经验，结构即以融会贯通的方式对学习内容进行组织，建构出自己的知识结构。

活动与体验：深度学习时学生要全身心投入到挑战性的学习活动当中，有了这种挑战之后才有成就感，"探索""发现""经历"知识的形成过程，体会科学的思考方法；判定一个活动是不是深度学习，要看学习的过程中是不是展开了积极的合作与沟通。

本质与变式：本质就是能够抓住教学内容的关键特征，全面把握学科知识的本质联系。

迁移与应用：学习的东西要迁移到新的情景当中去，知识才成为活动的知识。

"素养·活动"所追求的学习层次正是深度学习。核心素养的整合性、可迁移、高阶性以及情境性等特征，决定了核心素养是深度学习的结果，以迁移的知识、技能和态度的综合体作为其结果形式。

核心素养的习得依赖于深度学习。素养并非与生俱来，是后天通过有利的学习环境习得的，具有可教性、可塑性和发展性。而在认知心理学看来，后天习得的能力都是以知识和技能的习得为基础，经过巩固、应用等过程转化为个体的心理结构，才能够在新的情境中被提取与应用，从而形成稳固的素养。用新修订的布卢姆教育目标分类学将认知过程分为记忆、理解、应用、分析、评价和创造6个层次。在较低的"记忆、理解"层次，所涉及的是机械记忆、简单提取、浅层理解等低阶思维活动，学习的结果为"保持"，是为浅层学习；在较高的"应用、分析、评价、创造"等层次，涉及的大多是元认知、批判性思维等高阶思维活动，学习的结果是对知识的深层理解和迁移应用，是为深度学习。与浅层学习停留于对信息的机械记忆和被动接收所不同的是，深度学习重视对新知识的批判性吸收、新旧知识之间的关联以及真实问题的解决。尽管目前学界对于深度学习概念并没有统一的界定，但普遍认同基础教育阶段的深度学习是学生形成21世纪核心素养的重要途径，能够为学生将来成功进入高等学校和职业生涯做好准备。深度学习和核心素养之间的联系就在于——迁移，即运用先前所学的知识和技能支持新的学习以及在文化关联的新情境中解决问题。从这一角度而言，深度学习是一个过程，既存在于个体的认知活动之中，也通过群体间的合作交流而生成，这一过程的重要学习结果之一即核心素养，其形式为可迁移的知识、技能和态度的综合体。核心素养的属性决定了它的习得必然依赖于深度学习过程，而核心素养一旦形成又会有力支持深度学习，两者是相互加强的良性互动循环关系。①

主题学习、大单元学习、情境教学、深度学习、项目式学习,均与"素养·活动"有密切的联系,是"素养·活动"改革的抓手。主题学习、大单元学习、项目式学习均是一种学习方式,三者间,大单元学习是主流方向,是培育学生素养的必要之路。大单元学习的形式有很多种,主题学习针对学习内容相近的单元而言,当然,除此之外,还有其他形式。项目式学习是推进单元学习的一种方式,可有效地落实自主、合作、探究的学习理念,但不一定适合所有单元学习,更指向于跨学科课程。②

情境教学是教学手段,不论是哪种学习方式,都需要情境教学作为支撑和手段,使知识学习的过程更有意思、更有意义。

深度学习是"素养·活动"改革追求的比较理想的学习层次,或者说是学习效果,也是学生素养培育应有的效果。

三、"素养·活动"教改教育主张

推进基础教育综合改革必须建立在一定指导思想和科学的改革主张的基础上,拥有先进的教改主张,能保证教改实验沿着正确轨道行进,少走弯路。否则,就会迷失方向,影响教改效果,甚至还会影响原来的教育生态。为此,课改组研制形成了"素养·活动"教改七大主张,成为推动这次综合改革的总体指导方针。

(一)区域统筹

"素养·活动"必须由县(区)通盘筹划、统筹全局,才能兼顾、融合、协调区域内所有需求和资源,实现教学改革的最佳效果。

一是义务教育以县(区)为主的管理体制,要求推进中小学课堂教学改革必须坚持以县(区)为主整体推进,才能确保教学改革获得理想效果。

二是建构主义学习理论提出学生的学习要通过参与某种社会文化,才能将知识技能等内化为素养和有生命的东西。"素养·活动"教学改革以县区为基本单位,有利于发挥临沂市罗庄区区域文化和学校文化优势,有利于最大限度地

---

① 郭华. 基于深度学习的教学改进[J]. 教育科学论坛,2015(02):25.
② 崔允漷. 学科核心素养呼唤大单元教学设计[J]. 上海教育科研,2019(04):1-2.

实现教改的价值认同,画好最大同心圆,确保改革顺利推进并实现高质量发展。

三是以区域为单位的教师教学智慧更加丰富、更加聚集,能够最大限度地满足教学改革需要的智慧,寻找教学情境中蕴藏的经验意义,积极有效地引导学生体验、探究;让更多的学生积极参与、主动思考,体验问题解决、知识增长、能力与觉悟提高的乐趣,能从区域层面获得更加有效的样本。

四是能从区域层面组织骨干教师组建核心团队整体推进改革实验。在改革中,教师是教学的组织者、引导者和促进者。活动主题的确定、活动环节和计划设计、活动环境创设、活动过程调控、活动成果展现和评价等,都离不开教师的参与。只有以区域为单位推进学校对改革的引导、组织和激励,才能促进教师积极有效地参与改革实验,保障教学改革与实验达到预期目的。

区域统筹具体包括四个方面。一是统筹预测。区域在确定改革项目前,根据改革的需求、基础、资源等,确立研究假设、预测改革成效成果等,对改革研究进行多方论证,保证改革的科学性、必要性、可行性。二是统筹规划。区域根据教育发展现状、各校发展情势,统一制订计划,合理设计改革的目标、内容、措施、评价等,使改革做到总揽全局、科学筹划、协调发展、兼顾各方。三是统筹实施。区域召开启动会、推进会、展示会等,使各校改革进度步调一致,心往一处想,劲往一处使。四是统筹掌控。改革进度、重点等由区域统筹掌握和控制,实现改革方案的最佳调适和创生。

(二)行政引领

"素养·活动"采取行政引领的推进方式。一是可以确保改革的正确性。行政引领的推进方式有利于发挥政府把关定向、政策指引的作用,确保改革与中国特色社会主义方向相一致,避免"素养·活动"教学改革少走弯路。二是确保改革的科学性。这有利于政府发挥对"素养·活动"教学改革顶层设计、系统规划的智慧统领作用,科学研制适应"素养·活动"教学改革要求的系统集成文件,确保改革方向不偏移。为此,课改核心组先后研制形成了一批组合文件,如《基于核心素养区域推进活动教学整体改革实验研究实施方案》《基于"素养·活动"教学改革的学校行动研究指导纲要》《基于学生素养发展的学科"素养·活动"教学实验指导纲要》《基于学生发展核心素养活动学习案设计指导纲要》《基于学生发展核心素养的学校课程活动化构建指导纲要》《关于区域推进"素养·活动"教学改革实施方案》《基于学生素养发展的中小学课堂教学评价改革指导纲要》等,使课改实验系统科学,实现了合规律性与合科学性的统一。三是可以确保改革的顺畅性。拥有行政决策权力和资源调配权力的行政领导者在对全局进行研判后,给予密集的、全方位的政策支持、评价促进和资源保障。组织保障方面,以行政力量建立课题研究领导小组,全面领导课题研究工作。聘请国内著名专家为课题顾问,为研究工作奠定学术基础。全面组织和协调全区研究力量,注重发挥区教学研究中心和各科教研员、各校校长、各类骨干、各级名师的作用,领衔各子课题研究。在各科教研员的带领下,从全区各级各类骨干、名师中聘请一定数量的研究带头人,带领各自的研究团队进行重点攻关,力争快出成果。技术保障方面,依托区教研信息网络资源,构建课题研究的交流互动平台,充分发挥网络的及时性、互动性特点,将各课题组、各研究人员的研究成果及时上传到网络上,供大家交流学习。各学校也要充分发挥各自的优势,为本校教师的课题研究提供最好的技术支持。经费保障方面,从教师培训、教科研专项经费中每年拨出专款 200 万元,用于课题研究、资料购买、外出学习、专家支持、互动交流、成果宣传推介等费用,并资助突出的研究成果,鼓励教师著书立说,对重大成果给予表彰和奖励。

(三)学校主体

学校是育人场所、教育现场和实验基地。学习、素养和价值通过学生内化,才能实现人才培养目标,立德树人才能真正落地。"素养·活动"教学改革只有在学校课堂上才能发生、实现和完成。学生是浸润于学校文化土壤成长的,教师是为育人而存在的。学校有课程、有文化、有教室、功能室、实验室、操场等育人资源,学校在立德树人方面拥有得天独厚的优势。学校是一个具有生命性的特殊组织,必须坚持以校为主体,建立校本意识和自我意识。通过"素养·活动"教学改革,实现人才培养、质量发展和立德树人的目的。

主体是指从事认识和实践活动的现实的人。主体性是指人作为活动主体在同客体的相互作用中所表现出来的功能特性。主体性是一个综合概念,既包括人的能力方面,也包括人的情感和意志方面,其根本特征是从人本体方面呈现出的自主性、能动性和创造性。其中创造性是以探索和求新为特征的,它是个人主体性的最高表现和最高层次,是人的主体性的灵魂。①

根据上述理论,学校要有"主人翁"思想和独立的意识及见解,有自己做主的空间和权利,在推进改革的过程中,学校可以根据办学基础、发展需求、拥有

---

① 张天宝. 主体性教育[M]. 北京:教育科学出版社,2001.

资源来选择自己改革的主阵地和落脚点。学校要将教学改革与学校发展紧密联系,使改革成为促进学校发展的有效路径,使学校重点工作与改革融为一体,要有积极的心态和主动精神,要主动参与,积极承担改革的子课题和攻坚任务;要主动学习,认真内化区域改革精神,围绕改革开展主题式阅读,阅读相关专业书籍和文献;要有资源利用意识,主动寻求专业的支持和帮助,要改革疑难处、困惑处、提升处,主动与专业机构、专业人士联系,争取理论上、资源上、技术上的支持。学校要有创新意识、创新品格和创新能力,在改革过程中,创造性开展工作,从研究角度、研究设计、实施路径、成果总结与提升方面,充分发挥学校优势,创新路径与方法,创造性完成教学改革任务。

(四)专业支撑

"素养·活动"教学改革是一项系统工程,应坚持需求导向,根据学校推进"素养·活动"教学改革的需要,在充分调研、明确任务的基础上,对教研中心确立的改革目标、任务、课程建设、课堂范式、评价改革、队伍支撑、课题研究等进行研究,将研究成果用于教改实验,有的放矢地进行指导、服务,更加快速有效地推进改革实验。要形成结构化的研究团队,通过聘请科研院所、大学教授等,实现研究的有效理论指导;培养自己区域、学校的研究力量,使理论指导下的实践科学有力;形成研究的协作共同体,如城乡学校研究共同体、小初高研究共同体、专项研究专班,使改革中主要问题的解决更有力、更聚焦;充分利用名师工作室、骨干班等区域名师团队,形成对相关领域、学科的实践研究引领。

聚焦改革实效,实现专业化引领。从追求实效的角度出发,从学校的研究需求出发,提供对"素养·活动"理论和实践层面的有效支撑。理论方面,梳理改革研究的相关文献,确立研究的指导思想、核心理念、理论框架等,使研究有理有据,使参与研究者明确方向、理清思路、找到关键点、任务点,使研究符合当下社会发展需求、相关文件要求,与学校发展需求、教师发展需求、学生成长需求吻合,得到参与者的信任与认同,以保证研究的顺利推进;实践方面,对学校的研究实行跟踪引领,使实践研究走向科学化、专业化,对在实践研究中出现的成果予以培育和提升。充分发挥各研究团队的功能,通过主题式研究、问题式研究、项目式研究,从不同层面和维度深钻细研,实现研究的立体化、专业化。

(五)双线并行

"素养·活动"改革实行课程与教学双线并行的研究机制。课程是培养目标的载体,教学是落实目标的主要手段和核心环节,活动是打通课程与教学促进素养形成的联结机制。课程与教学双线并行是"素养·活动"教学改革的内在要求,任何割裂二者关系,任何对单方泛化都是错误的、有害的。

双线并行,意味着课程与课堂均为改革的线索,两条线索或平行前进,或交织发展,在特定契合点汇合成一线,互相契合,互相生长。"素养·活动"教学改革,课堂是主阵地,但不能仅仅把眼光局限于课堂,而应该从课程的角度审视并推进此改革,这是因为课程建设是核心素养形成的必经路径。一方面,从课程的主线,要探寻"素养·活动"教学落地的课程转化路径,提出学校课程活动化的基本策略,构建指向学生核心素养的活动化课程体系,使学校课程更符合学生的发展需求。根据学校办学理念、学生需要、课程资源等,对国家课程进行校本化改造,使其更具活动化特征,更能促进学生核心素养的形成。对学校现有的校本课程、综合实践活动等课程进行再梳理、再提升,使其充分发挥活动课程的素养培育功能。①

另一方面,在课堂教学层面,要开展课堂教学学习案研究、评价指导纲要研究,开展读写研讲(学进去、讲出来)学习方式改革研究、小组合作学习机制构建研究、问题化学习设计与实施研究、项目学习设计研究、基于活动化教学的学生作业分层设计与布批研究等。对于目标的定位、任务情境的创设、活动的设计、评价的嵌入等进行攻坚性研究,明晰"素养·活动"课堂的样态、标准、策略等,为课程化研究提供坚实的实践阵地。

(六)典型带动

任何一项改革实验,都没有现成的答案和方法可以照搬。"素养·活动"教学改革采取典型带动办法,符合事物普遍性与特殊性结合的辩证法。按照"遴选优秀经验(原始)—提炼典型经验—打造学科示范课例——区域推广实验"的办法,各学科遴选3～5例优秀教师先进教学经验作为原始经验,将各学科的原始经验提炼形成典型经验,采取先行先试的办法,分步实施、整体推进各层面实验。经过一段时间的研究与实验,形成典型课例和课堂特色,在全区各学校和学科进行示范推广。首先,注重发现典型。在课改实验过程中,各学段、学科通过调研视导、研讨交流、汇报展示等活动,发现各实验校中涌现的"素养·活动"优秀经验。其次,注重典型培育。对发现的优秀经验进行个别化辅导,发现其

---

① 黄光雄,蔡清田. 核心素养课程发展与设计新论[M]. 上海:华东师范大学出版社,2017.

亮点、弥补其不足,引导其学会追根求源、找出现象背后的本质,认真思考与论证自己现有做法的科学性、专业性,使研究提升到新的水平。聘请相关领域专家对其进行个性化辅导,使原生态的优秀经验上升到先进理论指导下的专业化经验。再次,注重发挥典型示范作用。例如,举行更高层面的展示会、研讨会等,展示典型经验、引领区域研究行为;同时,通过展示活动,促进典型经验的再总结、再提升,并尝试对典型经验进行书面化提炼,推荐到各级报纸杂志发表,使典型经验经受普遍规律的检验。

(七)全员参与

"素养·活动"教学改革主张全员参与,这既是区域推进"素养·活动"教学改革的硬性要求,也是教师专业发展的一种权利,更是一种教育自觉和使命。

首先,全员参与是教学改革有效运作的基础。各级人员都是组织之本,只有他们充分参与,才能使他们的才干为组织带来收益。每个人都是"素养·活动"的重要组成部分,是改革最根本的组成部分,是最重要的资源。在改革中,每个人都有自己的角色,有各自的岗位职责和权限,以使改革成为有机的整体,有序地进行各项活动。其次,全员参与是教师专业发展的权利。教师专业发展需要内部动力与成长条件共同具备。教学改革实验是教师专业成长的有效平台和载体,在改革中,教师既能接触到高端科学的教育理论理念,又可以拥有鲜活的教育实践,实现理论的落地和实践经验的提升。教师作为专业技术性人才,需要专业成长,而专业成长,就需要有效的研究平台,参与"素养·活动"改革,是每一位教师的专业发展权利。再次,"素养·活动"作为区域推进项目,需要凝心聚力、智慧共享,作为区域教育的一分子,理所当然地应具有强烈的改革意识、敬业精神和责任感,应自觉地为改革贡献自己的聪明才智,履行好自己的职责,这是一种教育的自觉和使命,更是担当的一种体现。

全员参与表现在3个方面:一是横向的全员,即所有部门的参与,包括科研部门、教研部门、教师培训、服务等部门,以保证改革设计科学、推进有效、培训到位。二是纵向的全员,即从校领导到一线教师都参与到改革中来,每人发挥不同的功能和作用,使改革从发起设计到实践落地都能有相应的责任人,最终的成果能在学生身上得到体现,学生素养得到培育和提升,实现改革的最终目的,培养全面发展的人。三是各改革团队的全员参与。各改革团队,是教学改革中最活跃的细胞、最具生命力和战斗力的因子,从不同角度、不同层面全员参与,有利于改革的立体化突破和推进。

第三章 "素养·活动"教育行动研究

学科核心素养正在成为基础教育课程教学改革向纵深推进的顶层理念和指导方向。在对"素养·活动"教改实现价值认同基础上,积极寻找核心素养落地的力量,深入开展基于"素养·活动"教育理念的行动研究,通过研究和实验实现课堂、学校、学科等三个领域的重点突破和实质性转型,确保立德树人根本任务真正落地,实现人才培养模式发生真正转变。

一、寻找核心素养落地力量

学科核心素养是指学生通过某学科的学习而逐步形成的关键能力、必备品格与价值观念。核心素养如何在临沂市罗庄区中小学的课堂上扎根并真实生长,这是当前全区深化基础教育课程改革的着力点。学科核心素养形成的"两翼"是学科知识与学科活动,其中学科知识是学科核心素养形成的主要载体,学科活动是学科核心素养形成的主要路径。

(一)学科知识:学科核心素养形成的主载体

学科核心素养不可能凭空形成,学科知识是学科核心素养形成的主载体。关键的问题在于什么样的学科知识,或者说,怎么选择、组织、设计学科知识,才有利于学科核心素养的形成。什么知识最有价值? 即有利于学科核心素养的知识最有价值。

本次高中课程标准修订在学科知识的选择、组织、设计上,突出强调了使学科知识及其学习具有核心素养的价值和作用的以下几点。

1. 学科大概念

大概念即概念的概念。美国学者威金斯和麦克泰格把大概念比作车辆的"车辖"。车辖的主要功能是将车轮等零部件有机地组装在一起,大概念则是能"吸附"与其相关的基础知识以及基本技能和方法。由此可见,要建立以学科大概念为核心的课程内容,通过大概念对零散的知识、技能和方法的统摄,使学生获得持久且可迁移的理解。学科大概念属于素养型概念,在人的一生中都能持续受用。以之为核心的课程内容建构,与学科核心素养培育的本质要求一致,能有效地解决当前课程改革中出现的灌输式、零散化、学而无用的改革难题。例如,信息技术学科大概念——数据、算法、信息系统和信息社会,通用技术学科大概念——结构、流程、系统、控制,它们既是学科的知识又是学科的方法和思想。

从学科知识关系的角度来看,大概念是美国教育心理学家奥苏伯尔所说的上位知识,它位于学科知识金字塔的顶端,其抽象性、概括性、包容性最高,解释力最强。借用生物学的术语来说,大概念就是学科知识体系的细胞核,它内含遗传密码,最具再生力、生发力和预示力,是最具活性和繁殖性最强的一种知识类型,是其他知识得以生发与依附的主根。如果说学科知识具有"内核+围绕带"的结构,那么,大概念就位于其最中心圈层,其他知识则依照与大概念的逻辑关系依次排列在它的外围,进而构成了一种"众星捧月"式的结构。在这一结构中,其他知识构成了核心知识的生存背景与着生土壤,成为将之凸显出来的光屏。可以说,一切外围知识都是学习者逼近核心知识,最终将之消化、理解的垫脚石与助跑器。

从学科认识论的角度来看,大概念是一种学科思维方式、学科思想方法,是一种认识武器,是学生认识世界的一种"眼光""心态""尺度"。

从学生学习的角度来看,大概念是一个"纲",纲举目张;是一个"组织者",整合所学的知识;是一根红线,把知识串起来。如果说学科知识体系具有一种"鹰架"式结构,那么,大概念就是撑起这一"鹰架"的支点。也就是说,抓住了大概念,学科的其他知识和相应的教学活动都可以被"提起来",被"牵扯"出来。可以说,大概念教学是学科整个学习活动的连心锁,是赋予学习活动以整体性的关键。

从课程知识的角度来看,正如布鲁纳所强调的:大概念可以把现行的极其丰富的学科内容精简为一组简单的命题,成为更经济、更富活力的东西。通过大概念构建简洁、简约、精简的课程知识内容框架,实现少而精的课程目标。

以大概念为核心的情境化教学,并不是简单地将大概念或结构化的课程内容直接教给学生,而是以学科本质或跨学科联系为视角,审视结构化的概念分级体系,进而选择适合学情实际的教学情境,设计教学环节,开展教学。

以大概念为核心的情境化教学属于逆向教学设计,设计目的是通过教学来发掘、发挥和发展大概念,要求学生在情境化的教学中获得持久而可迁移的理解。教学设计的基本流程分以下三步。第一步,凝练学科大概念。凝练过程主要是依据学科课程标准对学科基础知识、基本技能和基本方法进行结构化处理的过程。学科大概念是存在于概念背后的核心内容,凝练它需要讲究方法。"先分后总"式萃取法是凝练学科大概念的常用方法:首先是依据课程标准将学习内容标准进行以概念、主题和观点为单元的概念分解。分解处理需要逐层逐级的分解,所分的层级越多越好,分得越细越好;其次依据概念体系对分解后的概念、主题和观点进行学科本质属性的询问,经逐层归并和逐级提炼出的具有概括性、统摄性的那些核心概念、主题问题和基本观点就是大概念。第二步,确定基本问题和核心任务。基本问题反映的是大概念的问题,教学设计中需要辅以启发性问题和引导性问题,设计启发性问题和引导性问题的真正目的是为了学生更好地解决基本问题。精准认知是三类问题设计的唯一标准:学习程度上,要求达到深广度学习认知;思维程度上,要求达到高阶思维认知;教学内容上,要求达到复杂而系统的概念与内容、丰富多样的知识认知;教学过程上,要求通过批判性思维、问题解决、合作交流、创造性和创新性教学方式,让学生去挑战展示高阶思维和深度交流知识。核心任务设计中,要尽可能突出挑战性,让学生能够用自己的方式阐释所学的内容,从而促进他们有才智地参与。第三步,创设情境。一是要确定好主题;二是要将基本问题和核心任务置于真实问题情境之中;三是要开展基于理解的系列深度学习活动。情境化教学设计的关键是把所学的知识迁移到新的环境和挑战中,期待深度学习的真实发生,体现基于理解的教学要求。①

2. 学科结构

"学科之所以为'学科',而不是简单概念与知识要点的堆砌,其中非常重要的原因就在于学科有着自己独特的结构,学科知识之间存在着不可割裂的内在联系,掌握了学科的关系与结构,学生就能从整体上把握学科及学科知识。"②学科知识不是学科各个知识点的简单的排列和堆积,而是一个有结构的有机整体。

在静态方面,学科知识应该形成经纬交织、融会贯通的网络,这样能够帮助学生在头脑中将知识"竖成线,横成片",或"由点构成线,由线构成面",从而形成由点、线、面筑成的立体式的整体知识结构网络。这样,不但有助于记忆,而

① 王喜斌. 学科"大概念"的内涵、意义及获取途径[J]. 教学与管理,2018(08):16.
② 颜家美. 布鲁纳结构理论及其对中学数学的启示[J]. 教学天地,2012(2):5.

且使学习变得容易。在动态方面,学科知识应该形成一个自我再生力强的开放系统,以充分挖掘学科知识结构区别于科学知识结构的特有的功能。为此,我们必须合理地设计教材教法,使前后内容互相蕴含、自然推演,在思想上为学生提供一个由已知到未知的通路。这样,有利于学生形成一个具有生命力的、处于运动中的思维网络,从而深刻领会各个概念的实质,掌握蕴含在各个概念相互关系中的各种推理思维模式。

学科结构强调的是学科知识的整体联系性,碎片化的、孤立的知识点是没有活性的,不能存活。知识只有在联系中才能生长,才能产生新的知识。打个比方,每个知识都有自己的"近亲"和"远亲",近亲是与它联系最紧密的,远亲与它的联系则依次渐远。教师在课堂中最好能够呈示一个知识的"亲缘"关系图,如此,知识在学生的头脑中就不再是孤立的,会立刻生动起来。过去的教师常讲,学知识要像串糖葫芦一样,不能像布袋装山药蛋。这说的是要注意所学知识间的联系。我们所说的知识"亲缘"关系图,还要超越规定的教学内容,把学生带到更深远的知识海洋中去。

从学生学习的角度讲,联系是一种学习能力,它意味着学生能看出知识的相同点和不同点,即在不同知识之间看出相同点,在相同知识之间看出不同点;能看出知识的直接联系(显性联系)和间接联系(隐性联系),特别是能从似乎没有关联的知识之间看出彼此的内在联系。这也是有意义学习的内在机制。通过"联系",学生的学科知识不断地得到分化、重组、整合、改造和转换,从而形成了富有教育意义,适合学生理解、掌握的知识内容和知识形式(包含表达形式、组合形式)。

3. 学科思想与方法

从广义上讲,学科知识既包括学科事实、术语、符号、概念、命题、原理等"可视"的内容(即学科的表层结构,或称为狭义的学科知识),也包括学科方法、学科思想、学科观念、学科精神等"隐性的内容"(即学科的深层结构),它们是学科知识的重要组成部分,是学科核心素养最重要的源泉和基础。"学科思想与方法是学科专家提出的对尔后学科发展和学科学习最具影响力的那些观念、思想和见解,是'知识'背后的'知识',是学科的精髓与灵魂。"[1]

学科方法是人们学习学科知识和应用学科知识的思维策略或模式。只有掌握了学科方法,人们才能快速有效地获取学科知识和求解学科问题。学科思

---

[1] 余文森. 核心素养导向的课堂教学[M]. 上海教育出版社,2017:50.

想是人们通过学科活动对学科基本问题形成的基本看法,是人们在对学科知识和方法做更进一步认识和概括的基础上形成的一般性观点,也是人们在分析和解决学科问题过程中思维活动的导航器。笔者认为,学科方法是学科思维的"硬件",学科思想是学科思维的"软件",它们都是基于学科知识,又高于学科知识,与学科知识具有不可分割的辩证统一性。学科知识蕴含思想方法,思想方法又产生学科知识,二者好比鸟之双翼,缺一不可。

这就要求我们在强调学科知识教学的同时,也要突出学科思想方法的教学,努力使两者相互促进、协调发展。为此学科课堂教学必须贯彻落实学科思想方法的渗透和提炼原则。渗透,从教学内容的角度说,指的是学科思想方法进入相应的学科知识之中;从教学方法的角度说,指的是用学科思想方法指导学科知识的学习。提炼,从教学内容的角度说,指的是学科知识客观地隐含学科思想方法;从教学方法的角度说,指的是学科知识向学科思想方法的转化、升华和概括。实践证明,只有学科知识与学科思想方法并重,才能有助于学生形成一个既有肉体又有灵魂的活的学科认知结构,从而真正形成学科的核心素养。"事实上,学科知识与思维方法和学科方法本来就是一种水乳交融的关系,每个概念与规律的得出,都自始至终贯穿着思维方法与学科方法的操作。因此,只有通过结合思维方法与学科方法的概念、规律教学,使学生在每个概念、规律得出过程中真切体会思维方法与学科方法的作用,学科知识才能被学生所掌握,思维教学才能真正得到落实。"①

因此,学科教学不能就事论事,就知识讲知识。一要超越简单的具体知识,去理解和把握具体知识背后的学科方法、学科思想与学科价值;二要超越表层的符号形式,去理解和把握符号形式背后的逻辑根据、思想方法与价值意义。只有做到这两种"超越",学科知识的教学才能有助于学科核心素养的形成。

4. 学科情境

在学科核心素养与实际问题情境的关系中,某种学科核心素养一旦形成,它就能够在学生后续学习和问题解决过程中广泛地发挥迁移作用,就能够使学生在面临实际的问题情境(包括学习问题情境和生活问题情境)时具有更广泛的适应性。反过来,问题情境是学科核心素养发展的最佳场域,学科核心素养的发展离不开问题情境。而在某种意义上讲,面临实际问题情境时所表现出来的适应力又是学科核心素养的基本表现。否则,我们强调的学科核心素养就失

① 余文森. 核心素养导向的课堂教学[M]. 上海:上海教育出版社,2017:57.

去了它的理论价值与课改意义。

从教学的角度讲,"所谓知识的情境化,就是指教师在教学过程中有意识地引入或创设一定的情境,把知识转化为与知识产生或具体运用的情境具有相似性结构的组织形式,让学生参与、体验类似知识产生或运用过程的情境,从而直观地、富有意义地、快乐地理解知识或发现问题乃至创造知识。把知识还原到情境中,情境化会使学习者直观到知识的原始形式,增强感受力,同时增强理解力,甚至还会增强创造力。知识教育的情境化不仅是为了提高知识接受的效率,而且能够使知识的内涵丰富地呈现在学习者面前。抽象知识脱离了知识产生的具体情境,知识丰富的情境内涵被抽象掉了,直观、形象、生动的知识形式转化为单一、枯燥、抽象的形式,于是理解起来也可能产生错位,或者晦涩难懂。"可以说,情境是学生认识的桥梁,是知识转化为素养的桥梁。具体而言,就是沟通生活世界与科学世界的桥梁,是沟通文字符号与客观事物的桥梁,是沟通知识与思维的桥梁(问题情境)。它的作用在于:"第一,情境可以有效刺激学生,使学习过程不仅是对知识本身的接受,而且使学生产生情感的共鸣;第二,情境可以使枯燥乏味的知识有丰富的附着点和切实的生长点,让教育具有深刻的意义;第三,情境增加了学习活动的生动性、趣味性、直观性,让学生在理论知识与应用实践的交互碰撞中真正理解知识、提升能力。"总之,情境能够激活学科知识,情境能够激活学生认知和情感,从而使学科学习的活动充满活力。①

知识只是素养的媒介和手段,知识转化为素养的重要途径是情境。去情境化,知识就只剩下抽象的符号了。构建从真实的情境(从简单情境到复杂情境、从具体情境到抽象情境、从学科情境到生活情境)中进行学习(阅读、实验、思考、建构)的认知路径,是知识通向素养的必然要求。素养本身就是在特定(真实也包括有价值的虚拟)情境中解决问题、完成任务的能力和品质。知识是为素养服务的,过难、过深的知识无助于素养的形成。当然,学科知识的选择也必须尊重和基于学生的潜力,过易、过浅的知识无法刺激学生的思维,无法让学生的思维达到一定的深度,同样不利于学生素养的形成。②

(二)学科活动:学科核心素养形成主路径

活动就形式而言,包括外在活动(身体、双手)和内在活动(心理、大脑);就

①　王喜斌. 学科"大概念"的内涵、意义及获取途径[J]. 教学与管理,2018(24):44-45.
②　李吉林. 为儿童快乐学习的情景教学[J]. 课程·教材·教法,2013(02):17.

实质而言,包括感性活动和理性活动。外在活动和感性活动具有外显性,是主体与客体之间的一种直接的、实际的相互作用和相互对象化过程;内在活动和理性活动则具有内隐性,是主体在大脑中进行的建构和思维。如果说外在活动是看学生实际"做"了什么、"做"得怎样,内在活动则是看学生"想"了什么、"想"得怎样。学科活动强调通过学生的外在活动和内在活动,经历学生的感性认识和理性认识,进行学科学习、促进学科核心素养发展。

只有把外在活动和内在活动、感性认识与理性认识有机结合起来,才能完整准确地理解活动(活动化)的内涵和意义。否则,就会出现理解和实施上的偏差:①窄化,把活动局限于外在的活动;②浅化,把活动局限于感性的认识;③泛化,把学生所做的和所表现的一切都称为活动。

学科教学的实质就是学科活动,包括教师教的活动和学生学的活动,其中学生学的活动是根本。学科教学过程即学科活动(包括教和学的活动)的过程,现在很多语文课堂不是由教学活动和学习活动组成的,而是内容的堆积、问题的罗列、形式的呈现、概念的演绎以及结论的传递,甚至就是由一个个题目和一个个答案组成的一堂课。每个学科素养都是在各自的学科活动中生成的,例如,"数学素养是主体在经历的数学活动中产生的,它难以通过传授与习得来获得,其生成依赖主体对数学的体验、感悟、反思和表现"。[1]

二、指向核心素养的新课堂行动研究

课堂是落实核心素养的主渠道,立德树人只有通过课堂教学才能真实落地。"素养·活动"教育理念下的新课堂究竟新在何处? 它是以师生生命为基质、以活动为中介、以深度学习为基本任务,以素养发展为核心目标,以全面发展为最终目的,整体构建多维互动、动态生成、和谐发展的立体式"素养·活动"型课堂。开展指向核心素养的新课堂行动研究,按学段特点相应构建小学活力课堂、初中思维课堂、高中卓越课堂,是实施"素养·活动"教育的关键和首要任务。

(一)构建基于素养发展规律和体现学段特点的"素养·活动"型课堂

本书限于篇幅,主要以初中思维课堂构建为例,对初中思维课堂建设的关键环节进行简要阐述。过去,我们的教育和办学往往停留于国家教育目的层

---

① 余文森. 论学科核心素养形成的机制[J]. 课程·教材·教法,2018(1):38.

面,而缺少学校本身的培养目标。要把中国学生发展核心素养落到学生身上,需要推动从国家培养目标到学校培养目标的校本化转化。

1. 初中培养目标的确定:培养以思维力为内核的创新人才

遵循生命成长发展规律,人生到了 13～15 岁期间,即进入思维发展和理智形成的关键期。这一时期正是处于初中阶段。同时,初中阶段的教育下承小学教育,上接高中教育,在整个基础教育属于关键阶段。初中阶段担负着以促进学生思维能力发展为重点、培养创新人才重任,应不失时机地抓住初中生理智发展的黄金期,有针对性地对学生进行思维素养和思维能力的培育,主渠道和主阵地在课堂教学。

思维在德育、智育、体育、美育、劳育各育中起着关键作用,尤其是批判思维能力培养:无论理科、文科教学都可以做。

按照初中阶段人才成长规律和素养形成发展的内在逻辑,应科学定位学校办学特色、人才培养目标、课堂教学改革目标,正确处理好培养目标、学校课程、核心素养之间的关系,有效实现国家教育目标、国家课程标准、中国学生发展核心素养与学校培养目标、学校课程、学生发展素养的校本表达,促进学校特色发展、立德树人和办学理想的真正落地。

要以初中阶段人才培养模式为指导,每所初中学校据此定位特色,提炼自己的教育哲学(核心是培养目标),围绕培养目标推进课程、教学、师资培养改革。

为此,要正确处理几个核心关系:第一,认清"人才培养目标——人才培养质量——教学价值观——教学内部结构——学校课堂教学范式"之间的内在逻辑关系、内在规律和特点。一所学校的学生从入学到毕业,3 年之后到底应具备什么样的毕业生形象,到底应具备哪些素养指标,是学校课程建设、课堂教学改革、管理改革、师资队伍建设等最重要、最关键的因素。

第二,搞清"国家培养目标、国家课程标准、学校培养目标、学校课程、学科核心素养、学生发展核心素养与立德树人"之间的关联、校本转化关系。

第三,理清"'素养·活动'与主题教学、项目学习、任务学习、深度学习、大单元教学、大概念教学"等学习方式之间的关系。围绕"学生素养生成主题",以任务、活动、学习与评价为主线进行跨单元、跨学科的课程整合与教学改革。

2. 基于"素养·活动"教学改革的思维课堂建设

推进"素养·活动"教学改革实验的两大关键:"素养·活动"教学目标设计、学科"素养·活动"教学过程结构设计。对应课程标准,使教学目标素养化,形成学科教学目标的素养化师本表达;然后在这一目标的引领下,对教学内容、过程结构进行任务、活动的设计与提炼。

一是思维课堂建设的关键要素:思维、问题、探究、发现、大单元、文化、创新等。二是思维课堂的流程与实现要点。整合选择教学内容,发挥集体智慧,编制好"思维导学案",是实施思维课堂的重要保证;聚焦习惯和思维,用问题驱动,创设应用情境,注重过程性学习,是实施思维课堂教学的基本理念;优化课后训练,设计"思维作业",是巩固思维课堂教学成效的基本保证。三是思维课堂倡导建立学习中心的问题导学课堂,倡导问题化学习。四是推进"素养·活动"教学改革,教师如何修炼提升自身素养。

3. 新课堂构建对教师发展核心素养要求

构建新课堂,对教师发展核心素养提出了严格要求,要树立素养教学观,让教师回归职业素养,这是新课堂行动研究的根本保障。

第一,树立"素养·活动"教学的素养教学观。

(1)教学从"以教育者为中心"转向"以学生为中心"。

(2)教学"从教学生学会知识"转向"教学生学会学习"。

(3)教学从"重结论轻过程"转向"重结论的同时更重过程"。

(4)教学从"关注学科"转向"关注人"。

第二,让教师回归职业素养。

教书育人是教师的职业特征,应试教育让教师丢了"育人"的本分,部分教师认为"育人"只是班主任、德育处的事情,而不是每个教师的事。现在,"素养为重"下的课程与教学,教师必须转变观念和角色,回归职业素养,人性和道德将成为课程自觉。人性关怀和道德示范将成为课程建设和教学实践的前提和基础。在学校,"课程、教师、评价"形成相互联系的、稳定的"教育铁三角"。

在现行的分科教育背景下,教师往往以学科的"教学"为本,而非以人的"教育"为本。当下教师的任课制、职称制度、专业评审制度,使以人的素养对学科进行统整难以实现。提出"核心素养"下的课程统整,每个学科的教学首先要考虑的不再是本学科知识,而是学生作为"人"的发展的核心素养。每个学科都有作业,对于核心素养来讲,作业里的责任、抗挫、时间观、效率观,比作业本身更重要,而这些素养,可以统整所有的学科;课堂、集会中的自控和自律,讨论、合作中的秩序和包容,可以统整所有学科;体育运动会上的拼搏、包容、团结、意志,也可以统整所有的学科,等等。这里的关键是,教师的职业素养要回归,回到"育人教书",育人后教书。这与党的十八届三中全会提出的"立德树人"具有一致性。

　　教师要回归职业素养,目前教师最紧缺的是教师课程素养问题,要让教师必须掌握一定的课程知识,有课程意识,特别是"素养统整"理念下的课程意识。这个课程有三类:第一,分科的国家课程,要实行"关键素养"化。把握了"学科关键素养",教师可以"师本化"地实施国家课程,个性化地开发"教师微课程",实现"国家课程"与"师本课程"和谐统整。优秀的课程=国家课程+师本课程;师本课程=学科关键素养点+教师的学科特长+微课程形态。第二,综合性的国家课程,更要"核心素养"化。对于学校里的劳动课、语文综合实践活动课、美术课等综合课程的实施,不是由主题来统整的,而是由人的"核心素养"来统整。第三,校本课程需要"个性素养"化,呈现丰富多彩的、可供选择的"社团课程",而不是倾学校之力打造数个"特色课程"。①

　　"素养统整"理念下的教师的专业成长能否快速地进入正轨,实现突破,前提是教师自身的人文修养、人生态度和对职业的深刻理解。提升教师的专业能力重要,而提升教师专业能力的非专业素养即人的核心素养更重要。今天看来,一个只知道"教知识、练能力"的教师,不一定是真正意义上的合格教师,只有懂得将"人性"和"道德"弥散在自己的教学行为和日常行为中的教师,培养优秀学习者品格的教师,才是一名真正的师者。基于此,作为校长不仅要关注学校的课程与教学,更要关注教师的人文精神、道德修养,工作热情和抗挫能力。教师的职业素养回归之时,就是教育本真回归之时。②

(二)能动学习课堂:"素养·活动"教学改革的"前世今生"

　　临沂市罗庄区是深受儒贤文化、革命文化、当代文化等优秀文化濡染,充满活力的开放型新城区。全区在义务教育基本普及基础上,2014年顺利通过基本均衡县区验收,正迈向优质均衡发展阶段。全区着眼于学习方式的根本转变,通过"办好每一所小学,开好每一门课程,教好每一名学生",推动实现从"知识本位"被动学习向"素养本位"能动学习转变,全区基础教育正由人人"有学上"向"上好学"目标不断超越,区域教育教学质量连年攀升,优质教育品牌效应不断扩展。该区教师先后在《中国德育》《人民教育》《基础教育课程》《中小学教师培训》《山东教育》等杂志发表论文30余篇,先后出版《自能高效课堂建设的区

---

① 姚虎雄. 从"知识至上"到"素养为重"[J]. 人民教育,2014(6):56-57.
② 姚虎雄. 从"知识至上"到"素养为重"[J]. 人民教育,2014(6):59.

域推进《自能高效课堂的学科范式构建》等著作。《高中语文整体教学改革实验与研究》等 3 项教学成果获国家基础教学成果奖,《多元适性和谐教学机制构建研究与实践》等 3 项教学成果分获山东省基础教育教学成果特等奖、一等奖;先后涌现出 7 名特级教师、4 名齐鲁名师、2 名齐鲁名校长、9 名省教学能手、18 名沂蒙名师、7 名沂蒙名校长。

1. 让有效学习真正发生:基础教育课堂教学改革的重心

伴随着 2001 年第八次课程改革的春风,罗庄区的基础教育也和全国一样走进了课程改革的全新阶段。全区教育系统认真贯彻落实新课程改革精神,将"学习方式转变"贯穿于素质教育实施全过程,统筹推进从"三维目标"到中国学生核心素养的创造性实施,在促进人的全面发展的新课程改革中经历了一场艰难的探索历程。

课堂教学是实施素质教育的主渠道,推动育人模式改革关键在于转变学生的学习方式,培养学生"自主创新性学习"素养。这就要求学校在课堂教学变革实践中,不仅要解决学生"学什么,怎么学"的问题,还要解决"为什么学,怎么做"的问题,为学生全面发展提供资源支撑和机制保障。

(1)树立科学的学习观是课堂教学改革的关键。衡量教学有无实际效果,关键要看教学能否引发学生的学习。陶行知说过,好的先生不是教书,不是教学生,乃是教学生学。学习是实现学生成长的必由之路,也是促进学生全面发展的出发点。学习即成长,学习是每个人学生时代主要的工作生活方式。然而,在"被学习、被成长、被发展"的氛围影响下,学生的学习天性不断被泯灭,"学习负担重""学习苦、学习累"等种种抱怨现象时常发生。

自主、能动性是人的本质属性,培养提升人的能动学习素养是基础教育改革的重要任务,也是当今课堂教学改革的重要命题。所谓能动学习就是要重建以素养为本位的学习方式,改变原来以知识为本位的被动学习方式,把学习权利还给学生,培养其适应"应对复杂问题的能力"。课堂教学改革的最终目标都是为了改善儿童的学习,让儿童走向真实的学习,走向自主、能动的学习,促进学生核心素养的发展与提升。

2008 年 5 月,临沂市罗庄区围绕教育质量、学生成长、减负问题、教师幸福等重大问题在全区中小学、家庭和社区进行调研,开展新课程改革重大问题征集。一次向一线教师、学生家长征集到涉及教育观念、价值观教育、学校课程开发、教学改革、德育实效、教师专业发展、特色创建等 314 个典型问题、20 个重大问题。同年 9 月,项目组聚焦学生的自主学习、合作学习、探究学习能力培养,正式启动"自能高效课堂建设研究与实验",旨在构建凝聚"以学定教、先学后教、以学论教"的学习中心课堂,深入推进基于学生素养发展的能动学习课堂构建。

历经 20 年的研究、实验、推广与实施过程,全区课堂教学改革经历了 3 个标志性阶段:以自主学习为主要特征的自能高效课堂构建研究与实验阶段、以能动学习为主要特征的自能高效课堂教学成果推广与实施阶段、以素养为本位的"素养·活动"教学改革的深度发展阶段。能动学习课堂也相应形成了从自主学习到能动学习、再到素养立意的深度学习三个阶段,罗庄区有效解决了学生学习成长所需资源不足和学段衔接与学科融合不相宜的难题,全区基础教育呈现"学校品位提升、教师幸福成长、学生卓越发展"的和谐共生的教育生态。

(2)能动学习。能动学习是自能高效课堂教学建设的核心旨趣。2015 年 5月,全区在基础教育课程改革实现突破性发展后,该区教育决策者以区域为单位整体加入教育部基础教育课程教材发展中心临沂课改实验区,成为临沂实验区重要实验单位。该区在总结前期课改经验基础上,以着力培育发展学生自主、能动和创新性学习素养为根本旨趣,坚持问题导向、区域推进、项目引领、多元互动等方式,不断深化自能高效课堂教学改革转型升级,以此全面撬动基础教育综合改革,将立德树人根本任务落到实处。

为了确保课改核心旨趣的实现,该区针对传统课堂教学弊端再度调查,并将其进行梳理归结为四个方面的深度问题,即学生学习存在功利化、短视行为,忽视对人生长远发展的关注,学生整体性学习所需资源不够充分;学生学习后劲不足,缺乏终身学习兴趣培养,教学组织形式枯燥单调;学生学习存在表面化,缺乏情境创设,学生学习潜能被扼杀或压抑;学习存在"碎片化",教学缺乏系统互动性指导机制,学生跨界跨学科、跨时空学习需求不能满足,学生自由全面发展动能不强等。经提炼,最终确定了有重大价值的教育创新、创新学习、核心素养等问题 115 条,形成了品德方面的"爱心、友善、负责、公正、诚信"等主题,能力方面的"自主、独立、合作、探究、创新"等主题。

针对以上课改问题来源,该区坚持问题导向,聚焦学习方式、核心素养、课堂建设、德育机制、生涯发展、人才培养模式等重大领域和课改方向,先后确立《自能高效课堂建设研究》《培养学生自主学习能力研究》《学习方式转变与德育机制创新研究》等 6 项省部级课题,积极寻求解决方略。通过研究,整体构建以学习方式转变为核心、以"课堂文化建设、德育机制创新"为两翼的适性和谐教学研究格局,整体构架多元适性整体学习指导体系、协同推进多元适性教学和谐互动机制,逐渐形成了以多元适性、整体发展为突破口的实践框架、课程框架、机制框架、学习框架、教研协作平台框架、资源开发整合框架,确保"素养本位"的能动学习机制形成。

2. 构建"立体多维、多元适性"自能高效课堂教学范式

教师、课程、教学是基础教育发展的关键因素。如何发挥这些要素的整合效应,更好地服务于立德树人,是课堂教学改革能否实现突破性进展的关键。课改组坚持"以学为本、项目引领"的思路,专门成立课改专班,聚焦学生多元适性发展,采取"低重心策略""四动策略""协同研究""研训教一体化"等,系统推进自能高效课堂教学改革,为每个学生创造适合发展的教育。

(1)聚焦学生整体性发展,构建多元适性和谐教学机制。适合学生发展的教育是最好的教育。全区中小学着眼于能动学习发展,遵循学段特点、教师教学个性形成发展规律,吸取国内外先进教育理念中有利于学生学习方式转型有益经验,探寻一条适合区情、具有区域特色的中小学生创新性学习方式培育之路。

既然能动学习是基于问题解决的主动创新性学习,作为教育者应该为受教育者做出表率,以研究的方式对待实践中遇到的问题困惑。该区坚持项目引领、问题导向,按照"问题即课题"的理念,采取"问题征集——问题认定——分析论证——课题招标——具体实验——过程监控——现场结题——成果推介"8步研究法,破解了教学组织形式、教学管理机制、评价体系等方面的难题。

在研究中,项目组逐步形成了"多元适性、整体发展"的和谐教学机制创新发展思路:第一,"多元"是"多维""多样",即承认学生发展的差异性和多样性,尊重学生个人的学习选择和个性差异,通过教育让每一个学生都得到"多样化"发展;"适性"是在规划设计教育和学习主题时,要尊重受教育者的天赋、潜能、兴趣和需要,适应学生身心发展和人才成长规律,让新的教育体系(包括理念、目标、课程、教学法等)与学校、班级、教师和学生个性等多因素匹配、相适,促进学生身心和谐发展。

第二,"整体"是指学习统摄学生人生发展系统,整体设计各阶段学习与成长主题,使教育各种因素(目标、课程、教学、德育、评价等)保持和谐一致,不仅强调逻辑认知学习,还强调实践学习、道德学习和体验学习。多元适性整体学习针对不同类学生多样化学习需求,以自主学习为基础,以知识、技能、道德学习为主要内容,通过学段衔接和学科融合等方式,促进学生整体性学习,促进学生实现身心和谐发展和可持续发展。

在 20 年的研究与实验中,临沂市罗庄区立足"学生创新性学习素养培育和可持续发展"这些重大理论和实践问题,着重从自主学习、课堂建设、德育机制、生涯发展、人才培养模式等多项课题研究中,积极寻求解决方略,逐渐形成了以多元适性、整体发展为突破口的实践框架、课程框架、机制框架、学习框架、教研协作平台框架、资源开发整合框架。

(2)坚持项目引领,统筹构建区域课堂教学转型变革体系。罗庄区在龙头课题统领下,进一步遴选确立了课改四大攻关项目:学科学习项目、德育与教学组织(多样化)、课程(探究育人)、特色学校(个性化),按照循序渐进、分步实施的原则,系统规划课堂教学改革体系。

第一,优化学校课程,创新育人方式。"双线并行"是该区实施育人方式创新的重要行为准则。针对课程建设、组织形式、学习平台等远远不能支撑学生创新性学习需求的问题,该区按照区域教育发展规划、育人要求、学段特点、学生心智结构发展状况等,根据生活化、主体性、情境性、创新性原则,着力构建促进基于学生全面可持续发展的实践学习、技能学习、综合学习的"四节联动"多维学习互动机制框架。

十年磨一剑。该区在学科课程育人基础上,以"体育＋""读书＋""科技＋""艺术＋"方式分别与基础课程、校本课程进行整合,构建形成体育文化节、读书文化节、科技文化节、艺术文化节四大板块综合类课程,整体推动学生综合学习、技能学习和体验学习,打破学段割裂和学科分割育人的僵局。

全区每年 3 月份举办以健康为主题的体育文化节;每年 4 月份,举办以积淀丰厚的人文积淀和人文素养为主题的读书文化节;每年 10 月份,举办以培养审美情趣、审美素养和审美能力为主题的艺术文化节;每年 11 月份,举办以培养科技素养和科学精神为主题的科技文化节。通过"四节联动"育人机制构建,逐渐形成"区域主导、学校主体、整体推进、螺旋上升"的整体联动互促育人模式。

第二,突出校本研究,让学习真实发生。当自能高效课堂建设推进到一定阶段后,改革者更加意识到教学改革要突出学段特点和学生身心发展规律,着力培植学生能动学习品质。2018 年,该区按照区域统筹、学段推进和学科实施策略,分类推进各学段自能课堂教学改革,要求小学重点打造活力课堂,初中重点打造思维课堂,高中重点打造卓越课堂,逐步构建区域课堂教学结构。

该区聚焦学生自主创新性学习,着力打造课堂教学"一校一品"范式。针对学习不能自主、学习兴趣不够广泛、思维品质不高、深度学习能力不强的学生,深入探究如何进行有一定领域指向的创新性学习素养培育。学生元学习能力是促进学生学会学习的关键,有利于促进学生创新性学习素养培育。对此,项目组从学生真实成长的角度出发,确立了学生自主学习能力培养研究专项课题。两年的研究与探索,初步构建了一体两翼的自主学习能力培养模式,学生自主学习能力得到了有效培养,为开展自能高效课堂建设研究提供了支撑。

经过实验探索,全区涌现了一大批特色鲜明的个性化教学模式,如临沂第四十中学的"和合课堂"、临沂第二十一中学的"卓越课堂"、临沂第五实验小学的"慧心课堂"、临沂第二十三中学的"幸福课堂"等。

第三,创新教学组织形式,实现学习方式多样化。调查发现,学生学习后劲不足的根本原因在于学习主题与成长主题、生活主题不相匹配,缺乏内动力。这种现象突出表现为:教育过程缺乏完整性,重认知逻辑教育,轻实践体验教育,学习存在"知道什么",而不懂得"能做什么";学习呈现"游离化""碎片化",存在知行不一、学科分离、学段割裂等问题,导致学生学习不能形成接力,甚至出现断层等问题。

因此,该区针对学生学习不能形成合力、学习动力不能持久保持,学生不适应当前学习组织方式、学习效率低和学习品质不高,进而不能适应学习型社会发展等问题,就建立学科学习与道德学习方式整合一致的学习新机制进行深度探索。2010年5月,项目组启动"学习方式转变与德育机制创新研究"课题。3年的研究与探索,项目组聚焦学生成长,着眼学生终身学习素养的培育,有八成学校通过学习组织形式(如选课走班、小组合作、串组、串班等)改革、学生德育与教学机制整合、德育机制创新与学生成长主题统整机制等,最大限度地激发了学生学习与成长的生命自觉,调动了学生创新性学习的潜能。

同时,基于学生道德学习需求,项目组确立了"生命关怀理念下中小学德育重建与实践创新"研究课题。借助罗庄区名师资源、引入社会资源特别是高校人力资源,如山东师范大学、曲阜师范大学的德育专家、教授到临沂兼课,指导"问题导向"中学德育课程建设。与此同时,在学校层面建立起德育工作和谐机制,形成了"六段互动"聚变式德育模式,学科德育成为教师育人的生命自觉,促进了中小学教师德育素养和学生发展核心素养。

第四,推进特色学校建设,满足个性学习需求。自能高效课堂教学的研究与实验,关键在于为各段学生的学习创新提供选学体系,最大限度地满足基于学生认知规律、心智结构特点的综合学习需求,发现学生个性化培育与核心素养发展匹配、有创新性学习潜质的领域。该区主要探究如何立足区情,发挥临沂地区优秀传统文化和沂蒙精神教育优势,积极推进特色学校建设,促进学生个体完成社会化。

该区通过创建"一校一品"特色学校,不断满足学生个性学习、创新学习的需求。2017 年,全区启动学校特色化发展工程。通过发现、培植、总结、提炼等方式,指导和鼓励学校开展特色创建,为学生创新性学习提供更加适宜的课程资源。

全区中小学,如临沂第四十中学、临沂第五实验小学、临沂册山中学、临沂光耀实验学校、临沂沂堂中学等,以促进学生全面发展为根本指向,发挥各自办学智慧,分别创建了"和合教育""慧心教育""生命教育""红星教育""方正教育"等品牌,相继创造了"创设情境—适性指导—率性而学—主动成长"的适性学习模式,学生学习方式由原来机械被动转变为独立而富有个性地自主学习、合作学习、体验、探究等多样化学习方式。这些学校的学生学习负担轻,教师不留学科学习家庭作业,学校育人质量高、教师幸福、学生健康快乐,学校朝向内涵、优质品牌化发展。

3. 促进人的全面发展:区域推进基础教育课程改革的核心追求

纵观 20 年来全区课堂教学改革整个历程,自始至终倡导基于学生整体和谐发展的教学和谐机制重构,着力解决儿童美好学习需求与教育发展不平衡不充分之间的矛盾,促进以学习与成长和发展为主题的多元学习、全息学习、综合学习方式的转型构建,从而为学生的全面发展和整体性成长提供更加适合、更加多样、更加优质的教育资源,从而构建"人人上好学"的教育教学体系。

区校联动、多主参与。着眼于立德树人根本任务的整体联动框架结构,构建形成区校之间、校际之间、学校内部各部门之间,以及教育管理者、研究者、校长、教师、学生家长各主体之间共同聚焦学生终身可持续发展的和谐互动育人机制——以教学研究中心为枢纽,以促进学生整体和谐成长为出发点,以自能高效课堂教学改革为突破口,以四节联动课程综合化推进学生综合化学习、跨界学习,以及生命关怀理念下实效德育、一校一品特色建设等,促进了"教育高质、管理高效、办学高位"教育强区目标的实现。

价值引领、综合学习。着眼于多元适性整体学习框架结构建构,构建形成以"自能高效课堂"建设为主渠道的逻辑认知学习方式;着眼于学生思维能力发展,形成了以生命关怀、德育建设为主渠道的道德学习方式;着重学生学习内生动力激发,形成了以"四节联动"综合课程建设为主渠道的技能学习、体验学习和跨界学习方式;着重培养学生健康、人文、审美和科技等综合素养,以及运用这些素养能力处理和解决各类复杂问题的能力,锻炼和提升了学生的综合素养,促进了学生的全面自由发展。

走近生活、接力育人。着眼于四节联动课程综合育人框架结构,立足学生全面发展,以自能课堂教学为基本路径,按照"体育＋、阅读＋、艺术＋、科技＋"的方式与基础课程、校本课程整合,通过学段衔接与学科融合推进课程升级,形成了区域主导、学校主体、整体推进、螺旋上升的"1＋X"立德树人课程体系。在区域中小学四类节日大课程的主题性规划前提下,分类实施、分步推进大课程活动,逐渐形成区域"四节联动、接力育人"立德树人模式。

德育为核、多元互动。着眼于教师、学生和家长等"三主体"推进道德学习框架结构,通过德育和谐机制创新,构建"六段互动"聚变式德育模式,即"激发内需—多维互动—价值注入—情境体验—基点培育—增值评价",形成了"学校推动、班级主动、学生自动"的德育生态。促进了教师专业化完整建构,以德育机智唤醒了教师学科德育的生命自觉。

主题教学、全面发展。着眼于基于学生学习与人生成长相谐的道德学习主题框架结构,构建形成"成长学习化、学习课程化、课程主题化"的"学习即成长"新理念,强调教师"适性指导、因学指导、以学定教"的实践理念,遵循学习的生活性、个别性、整合性、创新性、多维性、主体间性、整体性等特点,使学习回归到生命的原点。根据成长个体初步确立的生涯规划目标,将人生成长主题确定为不同的学习主题,对应形成不同学习与成长的"主题链"。按照学生成长规律和现实需求,适合学生个性特点、适合学生成长需要,指导学生学习与成长,学生自主学习、自我教育能力和终身学习兴趣就会培养起来,促进学生的全面发展和自我实现。

2020 年 3 月,随着《中国学生发展核心素养》的颁布实施,罗庄区教育改革者围绕学生发展核心素养培育这一主线,以"办更有质量的教育"为根本追求,沿着"自主、能动、创新、发展"主题,不断探索课堂教学改革发展规律,从传统课堂到自能高效课堂,再到"素养·活动"教学改革,初步构建形成"素养·活动"教学"五化"范式。全区中小学课堂教学整体格局显现根本性变化,课堂教学正由 1.0 向 3.0 的升级版跃迁,各学校在培育学生美好学习生活品质与创新性学习能力方面取得了很好的效果,实现了学校发展、教师发展和学生发展的和谐教育生态,实现了"轻负高效"的办学目的,促进了学生的全面发展和自我实现,全区学校的办学品位不断提升。

三、"素养・活动"教改学校行动研究

"基于学生发展核心素养的区域推进活动教学整体改革实验"研究(以下简称罗庄实验),是探索学生发展核心素养形成与发展、大面积提升教学质量、落实素质教育和立德树人根本任务的综合研究与科学实验,是落实各级教育政策行动研究,是基础教育综合改革的有效探索,是实现"上好学"的一次生动实践。

(一)区域教学改革的学校行动研究指导纲要

1. 教学现状分析

2001年新课程改革以来,我们的课堂教学整体格局基本没变,以教师及讲授为中心的课堂教学仍然是中小学课堂教学的基本状态。

对现状反思:学校教学质量不能大幅提高、学生负担重、教师职业倦怠,学校的教学、德育、管理、研究存在游离和两张皮现象,传统课堂教学特征及弊端在哪里,原因是什么? 认真进行客观分析,作为教改实验决策的依据。

2. 实验改革预期目标

要对实验目标进行整体设计:从最高目标、学生素养发展目标(学校学生培养目标)、实验具体目标(构建活动教学模式或范式)设计应进行系统思考。要把构建活动教学模式或范式作为实验假说,利用学校优秀教师的先进教学经验作为实验因素。对将来构建的活动教学范式,要有教学结构和过程分析。

通过研究,在具体目标上,各个实验学校应构建百花齐放、独具特色的符合活动教学改革精神的课堂教学范式或模式。

3. 实验改革策略

(1)确立实验指导思想、价值理念与教学主张。实验学校应确立和提出改革的指导思想、教育理念和教学主张。例如,叶澜提倡,让课堂焕发出生命的活力;蔡林森认为,没有教不好的学生。

如何确立和提出改革的指导思想、教育理念和教学主张? 大的方面要体现新时代党的教育方针、核心素养教育理念;在活动教学主张的确立上,要体现"少教多学,以学定教,先学后教,以学论教"的基本教学理念。

教学结构变革采取"功能—结构"分析法,符合活动课堂教学模式构建逻辑:人才培养质量——教学价值取向(学生素养发展为本)——教学内部结

构——活动教学范式。

（2）实验科学设计。实行核心课题引领，包括：规划实验过程，确定教改理论假设，对实验对象（被试）、实验因素因子、实验变量、实验程序的规划、实验方法、控制条件、预期结果、数量分析与检验等进行科学设计，为实验工作推进和实验结果的推广打好基础。对实验因素的规定、实验方法做具体分析。

（3）基于学生素养发展的活动设计与活动课程开发。进行基于素养发展的学科活动课程整合（国家课程校本化）和活动课程开发（如综合实践活动课程、研学旅行等）。对指向活动的学科课程实行整合，要明确选择哪些学科开展改造，形成适合学校特色的教学活动单。

（4）学校文化建设，建立学习型组织——学习共同体。加强指向学生素养发展的特色建设，加强学习型组织建设，以学习共同体实现课堂转型和特色建设的新突破。

（5）实验组织组建。实验样本——实验年级、实验学科、实验教师选拔、研究团队组建，要体现理论与实践的结合。

4. 研究过程及主要成果形式

（1）分析研究过程：确立基于学生素养发展的活动教学模式或教学范式，并进行大致分析。

（2）形成系列品牌：特色课堂、特色教师、特色学校，典型课例。

（3）收获精神成果：教师感悟、学生感悟。

（4）研究成果：报告、研究报告，论文、著作等系列教学成果。

（5）典型报道。

5. 保障机制

为有效推进活动教学改革，确保实验取得成功，学校要满足以下条件和机制。

（1）教学变革的校长素养。变革意识、变革意志、变革能力。在改革决策上，应正确思考把握设计的原点，做正确的事，从逻辑起点上正本清源，本立而道生，迈好第一步。

（2）教学变革的文化营造。

第一，认识教学改革的艰巨性。当前，从总体上看，我国中小学教育的主流文化是以帮助学生取得应试成功为核心取向，其他取向的教育文化则为亚文化。

第二，核心价值引领。确立以培养目标为中心的学校核心价值观，这就需要准确定位学校特色，确立自己的办学主张，构建学校教育哲学，开展文化建设,为教学改革营造文化氛围。培养什么人,怎样培养人,为谁培养人,这个教育的根本问题不通过特色无法提取、凝练出来。从这个意义上说,教学特色、特色教师、特色学校是融合一体的,"名师出名校,名校育英才"的理想自然就会达成。

第三,教学价值取向。确立以学生发展为本的观念。任何教学价值取向(培养考试成功者),都应以创造社会价值为基础的生活成功、人生成功为终极取向和根本标准,并据此对自身进行建构、校正和补充。

第四,教学思维方式。形成新的思考教学问题的角度、标准或依据——以学习为中心、教为学服务、教学方式多样化。教学思维方式:当下思考教学问题主要采用的思维方式——应试思维(考什么,就教什么;教什么,就学什么)、唯上思维(权威即书本和教学专家怎么说,我就怎么教)、经验思维(我怎么受教,我就怎样教人)、从众思维(名师怎么教,或大多数人怎么教,我就怎么教)。

第五,教学行为方式。全面体现和落实新的价值取向和思维方式的要求。教师教学行为方式的变革,需要突出研究性教学、反思性教学、合作性教学等要求。

(3)核心变革团队建设。

第一,参与变革的教师的选拔(有变革意愿且有变革能力的教师)、核心变革团队的组建,成立改革实验领导机构。

第二,不拘一格的用人机制。实验学科、实验教师的选拔,要与学科教研员结合,校长要严格把关,对滥竽充数的人坚决拒之。任何一项事业都是有真才实学的人才能干成,这项改革实验更是如此。除了搞好顶层设计,选拔好参与变革的教师很关键。各学校确定的实验学科、实验教师,要严格统一把关。

第三,核心变革团队的组建。团队成员之间能够相互学习和借鉴,团队之间相互激励、支持和竞争,同时分担一些琐碎或繁重的工作。具体标准要求包括:有理论、有能力、能写作,因为成果的表达都需要"笔杆子"。

第四,建立学习型组织。要组建实验培训系统,真正做到校本培训、问题导向的校本学习。

(4)教学评价的变革。教学评价是教学变革的指挥棒和方向标,用评价改革引导和促进教学过程变革。

教师讲授中心这个顽疾一直没有被打破,一直没有破冰,其根本原因在于我们的课堂教学评价出了问题,指挥棒出了问题。课堂教学评价只是围绕教师的教而评,不问教师的教能否促进学生的学,更不管学生是否会学或学会,教师传递知识的角色的地位牢不可破,学生被动学习知识,多少有创造力的优秀学生都被"扼杀"在这种评价之中。

基于学生素养发展的活动教学改革要求彻底改革传统课堂评价,重建以学论教的课堂教学评价指标体系,以新的评价机制撬动教师教学方式的改革,促进教师运用活动机制激发学生的学习需要、兴趣和动力,促进学生素养发展和教学质量的整体提升。

(5)教学变革的专业支持。教学变革是一项专业性很强的工作。教学变革成功的专业支持模式如下。一是学校自主组织的专业指导,运用课例研究带动教师学习改进。二是专业人员介入的专业指导。课改聚焦合力应聚焦主题培训,选对专家,关键问题是能否与学校、教师实际结合,不能外出学习了不知多少次,最终只是"热热脑子"。选择外来专家时要与教改核心思想相一致。在研究团队的组建上,体现理论与实践之间的互动;在研究活动组织上,体现理论研究人员与一线教师的密切互动;在研究的方法论上,关注教育理论与教育实践在同一主体身上和不同主体之间实现的转换和统一。三是自上而下强力推行的策略。

(6)设施条件体系。图书配备根据核心组建议、符合改革需要。

(7)评价与评估。实验一段时间之后,要开展实验自我评价和评估,确保实验预期目的。

历史和时代对我们进行新的坐标定位,责任和使命把我们推到了改革的前沿,道义和勇气重新催醒我们的行动自觉,让我们用活动教学改革实验,把我们的初心凝聚起来,把教育办好,把学生发展好,把质量提升起来,让课堂面貌、学校面貌发生一个大改观,让教育真正焕发出生命的活力。

(二)临沂第七实验小学"素养·活动"教学改革实验行动研究方案

为全面落实立德树人根本任务,培养德智体美劳全面发展的社会主义建设者和接班人,临沂市罗庄区教育和体育局在区域范围内开展活动教学改革实验研究,以推进素质教育、发展学生核心素养、创新育人模式、促进课堂教学根本性变革、提高育人质量。临沂第七实验小学顺应教学改革大势,结合"让每一颗星都闪亮,让整个星河都灿烂"办学理念,突出"培养全面发展的人"这一中心工作,聚集课堂教学改革,推进基于核心素养发展的活动教学改革实验研究,以课堂为主阵地,以活动教学为研究点,以"健康、求真、向善、尚美"星光少年为培养目标,推动学校教育教学的高质量发展,制定本行动研究方案。

1.指导思想

为进一步落实《中共中央国务院关于深化教育教学改革 全面提高义务教育质量的意见》和《关于全面深化课程改革 落实立德树人根本任务的意见》文件精

神,深入推进素质教育,落实区教学研究中心基于核心素养区域推进活动教学整体改革实验要求,全面推进教师教学方式和学生学习方式变革,探索依托课堂教学培养学生发展素养的基本路径,全面提升学校教育教学质量,促进学生全面发展。

2. 教学现状分析

针对新的教育形势要求和罗庄区教育和体育局基于学生核心素养区域推进活动教学整体改革实验研究材料的学习,我们认真审视学校实际课堂教学,发现还存在一些问题,突出表现在以下几方面。

(1)教师备课。教师备课缺乏研究意识,集体备课形式主义严重,不能发挥集体的智慧,教研组集体备课组织形式单一、应付主义严重、集体备课内容研究价值不高、集体备课模式中间断层;备课过程重"教"不重"学",备课中大量的过程环节描述都是问题的设计、教师引导的话语、教材的内容等;"备"中很难见到对于学生的情况的描述,教师在准备中唯教材、教参、自己,唯独少了对重要角色"学生"的关注。

(2)课堂教学。学生方面,主体地位得不到体现,课堂被动接受性学习较多,自主、体验、合作、探究式学习流于形式。一问一答、自问自答现象较多。重复性、机械性的学习任务较多,学生负担较重,疲于应付,渐渐失去对于学科、课堂的学习兴趣。教师方面,授课随意性较大,经验教学占比较大,学科特点把握不清。教师的教占课堂主导地位,课堂教学过于沉闷,课堂教学效率较低。评价方式单一,终结性评价较多,学生兴趣得不到激发。

(3)学校课程。国家课程虽全面落实,但在课程校本化方面还没有深入研究,教学以教教材为主,缺乏站在课程角度上的教学内容整合建构;学校星光课程已有了整体架构,但是对于个体校本课程研究过于简单,没有与学校的理念契合,"让每一颗星都闪亮"的育人理念还需要落实到位,教师自主进行的"健康、求真、向善、尚美"四大类活动课程体系还需要完善。

(4)教学质量。课堂教学质量从整体来看,课时目标达成度不高,课堂教学目的性不强,教学内容当堂达标情况不理想。部分课堂关注教师教学过程,忽视了学生整体学习参与情况及学习效果,导致学校班级之间教学质量不均衡,未能整体形成很好的学习文化氛围。

3. 实验改革预期目标

(1)改革预期目标。

第一,改革总目标。围绕立德树人根本任务,立足培养全面发展的人,全面推进学校教学改革纵深发展,培育德智体美劳全面发展的社会主义建设者和接班人。

第二,学校发展目标。根据学校发展规划,立足培养健康生活、科学精神、实践创新、责任担当、人文底蕴五大素养,依托活动式课堂教学强化学会学习素养训练,全面推进学生发展素养落地,根本性转变教学方式和学习方式,塑造"健康、求真、向善、尚美"的星光少年。

第三,实验研究目标。以全区实施的基于学生核心素养发展的"素养·活动"教学改革实验的根本要求以及学校发展规划,充分把握学校自身实际情况,制定以下实验改革预期目标。

一是,通过课题实验研究,探索"熠"课堂教学备课流程,寻找"活动案"高质量设计的备课方法,探索学生个学、同伴共学、教师引学备课的有效结合点,逐步形成"一切从学生出发""一切引导学生学习"的"熠"课堂的基本备课思路。

二是,通过课题实验研究,探索并逐步完善基于学生发展核心素养的、符合各学科特点的"熠"课堂教学策略,逐步形成"个学—共学—评学"课堂基本模式,理清"主动、互动、灵动、生动"的课堂基本思想,从而打造学校"三学四动"教育文化品牌,学生课堂主体地位得到更好落实,教师教育理念得到进一步提升,专业化、科学化和系统化教学骨干不断涌现,教育教学质量得到稳步提升。

三是,通过课题实验研究,探索并逐步完善"光"课程四大体系,积极开展国家课程校本化研究,实施学科课程横向整合、纵向拓宽,构建个性与共性同在的特色活动体系,打造基于此活动体系的活动课堂模式形成,培养学生个性发展,尊重学生个性张扬。

四是,通过课题实验研究,探索"熠课堂+光课程"评价体系,探索依托活动的"七彩少年"评价主体、内容和形式,探寻教学改革中教师"五星级评价"实施方法,使得课改中的教师能力得到提高,活动课改中"健康、求真、向善、尚美"的星光少年更加阳光自信,核心素养落地,各学科学业质量不断提高。

(2)实验假说。

第一,通过对全校教师备课、课堂的现状进行调查,发现本校备课、课堂存在的系列问题,梳理问题,提出解决问题的方法,形成调研报告,给下面的备课、课堂研究提供基准点。

第二,通过日常课堂观察与参考学科教育教学质量,遴选学校各学科中优秀教师先进的教学经验,进行梳理提炼,总结出学科共性教学经验,为下面的学科活动教学策略研究提供借鉴参考。

第三,通过行动研究,探索总结出适用于各学科的"熠"课堂有效活动学习单,借助"学习活动案"这个媒介,培养学生自主学习意识,引导教师进行"以学中心"的备课环节改革,将备课的主体、课堂的主体定位进行转变,从教师的备课中看到"心中有学生、课中有活动、活动中有素养提升"的欣喜局面,形成"熠"课堂备课案例展示集。

第四,通过行动研究,找到适合各个实验学科特点的活动教学策略,重点从(学、导)目标的制定、情境选择、交流共学(导学)、结果评学方面进行实践研究,探索出基于核心素养培养的"熠"课堂策略,使得活动特色课堂下的学生的核心素养得到提升,教师教学水平得到提高。

第五,通过实验研究,教师课堂教学目标意识更加突出,课堂教学目标达成度高,学科素养得到根本保障。学生表现阳光自信、积极主动,学科综合素养成果明显,学校教育教学质量在全区稳居上游。

4. 实验改革策略

(1)加强理论学习,促进理念研究与借鉴吸收。本校实验广泛参考"素养"和"活动"为主题的文献,对文献进行研究学习,主要以陈佑清的教育活动论和郭思乐的生本教育思想为引领,深入组织教师围绕学习专题内容进行认真研读,科学把握基本理念、思想实际及操作要求,组织开展读书交流、论坛沙龙、反思评选、课例对接研讨等,让学习内容真正落地。认真对接自身学科,科学制定学科活动课堂的策略。各学科以华南师范大学教授郭思乐和华中师范大学教授陈佑清的有关教育理念为指导,以培养学生的自主学习意识和学习能力为核心,以活动学习单为抓手,以备课为突破点,努力打造"以培养学生素养为目的、以学生的学为中心、以学习活动为主要方式"的"熠课堂"。

(2)确定研究课题,确立"熠"课堂基本思想。

第一,课题研究题目。基于学生发展素养的"熠"课堂教学策略实践研究。

第二,核心概念界定。熠即闪烁,光彩,其由"火"和"习"组成,火,燃烧中发出光和热;习,小鸟反复试飞。本课题中的"熠"与"让每一颗星都闪亮、让整个星河都灿烂"的办学理念相融。火,我们的理解是,学生能够在学习中闪现智慧的火花,获取思想的丰盈,从而展示出自己的思想和智慧的光彩,实现真正的全面成长;习,反复的学习实践需要活动支撑,需要在具体的情境中不断地反复检验,似小鸟双翼不断在"试飞"活动的情境中锻炼。结合以上解释,课题中的"熠"说的是,在课堂中引导学生经历学习过程,在活动中反复体验、探究,学会展翅飞翔,成为全面发展的人。

第三,"熠"课堂。以课堂为主阵地,以"个学—共学—评学"为基本模式,以"主动、互动、灵动、生动"为追求,借助活动学习单这个中介,在活动中共学,在活动中引学,在活动中评学,将活动贯穿始终,将育人贯穿始终,将体验贯穿始终,将展示贯穿始终,打造主动、互动、灵动、生动的课堂。

（3）实验科学设计,统筹推进"熠"课堂研究。以"熠"课堂构建为核心,各学科依据自身学科特点逐步完善符合自己学科特点的"熠"课堂策略,不断深入推进"个学—共学—评学"基本模式构建研究。

第一,深入推进基于学生素养发展的活动案研制。以学科为主体,系统组织各学科教师开展教材研读,建立学生发展素养和课程标准指导下的教材解读分析研讨交流机制,通过集体备课、专题研讨、课例观摩等方式深化认识、提高教师对教材内容的正确把握。认真做好学科自主学习活动案的呈现形式、活动案的变式的研制,认真落实课标和教材内容的解读,科学合理制定基于学生发展素养的活动方案。

第二,深入研究以"学"为中心的备课流程。以备课为主要研究对象,找到个体先学活动案与教师导学流程的契合点,学不离导,导不离学,在探索备课过程中重点引导内容、目标达成回扣、活动情境使用等主要内容,力求教师的"导"是在孩子"学"的基础上进行的,以"学"为基础点,在基础点上进行提升,从而达到每个孩子都在自己个体的基础点出发,到达教师"导"的提升点。

第三,认真组织开展"个学—共学—评学"活动课堂基本模式构建研究,以"熠"课堂的活动案为载体,以活动为方式,以课堂观察量表为评价媒介,推进"熠"活力课堂基本模式构建研究,如表 3-1 所示。

表 3-1 "熠"课堂研究设想

学科	研究方向	研究内容	研究思路
语文	阅读课堂	一是基于全校语文教师共同体的备课策略研究。二是基于阅读的各种活动课型研究。三是基于学生学科素养的阅读"满天星"评价研究。	①改变教师的备课理念,从素养、课标、教材、生活资源入手,发挥年级组、备课组的作用,做好真正意义上的集体备课,在备课时以学生为中心,注意方法的引导,授之以渔。②一方面是阅读活动课堂的研究,组织骨干教师研究阅读活动的课型;另一方面组织各类阅读特色活动,让活动贯穿学生阅读的始终,让学生边阅读,边积累,边学习,边提升。③改变以往的评价形式,突出听、说、读、写、演等素养评价,建立语文学科的评价体系。

(续表)

学科	研究方向	研究内容	研究思路
数学	思维课堂	一是依托集体备课的思维备课研究。 二是依托生活进行数学思维课堂的研究。 三是依托校园、生活中数学元素的"跳动的思维"进行活动体系研究。	①用集体备课体现教师的思维,找到课堂有效的根源,利用说课、磨课、评课等方式,提高集体备课的有效性,研究重点是对"个体先学"环节的把控和课堂思维启发的调控。 ②思维活力课堂的研究中,注重实践操作,依托数学活动,充分利用学具,在操作中探究交流,在活动中启发思维,使学生形成一定自主学习方法和能力。 ③利用各种场合展现数学元素,发散学生思维,引导学生思维再现;开展口算、笔算比赛、数学节等活动,引入魔方、数独、奥数、学具制作等多种数学素材,引导学生感受逻辑思维、形象思维、创造性思维等。
英语	情境课堂	一是基于情境创设的英语备课研究。 二是基于情境创设的英语课堂研究。 三是基于情境表达的英语评价研究。	①转变理念,以备学生为主,设计自己擅长的情境教学方法,选择教师最优势的课型,发挥团队作用,资源共享。 ②利用创设情境、设计游戏、灵动输出等教学环节,进行授课,增添课堂的趣味性,激发学生学习的兴趣,鼓励学生展示有趣的作品。 ③开展"爱英语,秀出来"英语角建设和英语读书节活动,开辟英语学习交流的平台,创设英语展示的平台,以活动展示的方式呈现美好的自己。
道德与法治	「知—行」课堂	一是探索从道德认知到道德行为形成的活动体验教学策略的基本范式。 二是探索基于学生生活的情境创设、活动开展、目标确定、课堂评价备课方式研究。	①加强学科教学内容与学生道德与法治学科素养之间的关系研究,科学把握道德教育的基本要求,建构系统全面的道德与法治素养训练体系。 ②加大活动教学研究,强化学生在情境活动中,引导学生从知到行的德育体验,推进课堂活动有序推进、有效开展,提升课堂活动设计的实效性。全面提升小学道德与法治课堂活力,促进学生良好的道德品质和公民素养形成。

（续表）

学科	研究方向	研究内容	研究思路
综合实践	体验课堂	一是基于生活情境的实践体验备课研究。 二是基于生活体验的实践课堂研究。	①结合综合实践学科接近现实的生活与实践活动的特点,打造能让学生有切身体验和生命成长的课堂,注重学生身体的感受、体验、经历及行动等,引导学生用身体语言更好地理解和把握身在其中的世界。 ②在教学设计中力求寻找较真实的教学情境,准备学生亲临现场的教学活动,让学生亲身经历,掌握活动工具和手段,从实践中学、从经验中学、从做中学。
科学	探究课堂	一是探究的科学课堂研究。 二是基于探究的科学特色活动内容体系研究。	①提升教师的教育教学素养,课堂中以学生为本,结合学科的特点,参考逻辑推理、解暗箱等课型的教学策略,以实验的操作与探究为重点,在课堂中引导学生探究;以不同形式的探究学习方式,让教材、教师真正为学生服务。 ②着力特色活动的打造,依托各种科技资源,引导学生在探究中创造,在活动探究中提升学科素养。
音乐	感知课堂	一是基于感知的备课内容研究。 二是基于感知的课堂策略研究。	①课堂环节中,打破以往传统的老师教唱、学生学唱的模式,带领学生去感知音乐、体验音乐、剖析音乐,让学生通过听辩、演唱、律动、创编等方式,在体验感知中提高学生的音乐素养。 ②备课研究,以感知为形式,重点研究感知部分的引导方法。
体育	阳光课堂	一是阳光活力课堂训练体系研究。 二是阳光活力特色活动内容研究。	①科学把握体育课的基本要求,建构系统全面的学生体育锻炼的训练体系。 ②加大特色活动教学研究,强化学生在体验活动中,如课堂小达人、校园吉尼斯等活动的开展,引导学生健康运动,阳光向上,推进课堂活动有序推进、有效开展,提升课堂活动设计的实效性。

(续表)

学科	研究方向	研究内容	研究思路
美术	趣味课堂	一是"童心绘童话"资源整合体系研究。 二是基于趣味的活力课堂研究。	①从活动的仪式感出发,计划通过趣味美术活动方式的研究活动,与其他学科进行整合研究,借助活动开展以文字的形式撰写观后感,将视觉上的感受用文字表达出来。如与语文学科整合,提高学生的审美判断和图像识读能力。 ②对于学生的心灵建设及对生活的认知体验来说,计划以趣味为关键点,在课堂中创设趣味游戏情景、设计趣味游戏等,引导学生观察身边有趣的事物并以美术的形式展现出来。
信息	创意课堂	一是创意活力课堂备课内容研究。 二是创意活力课堂策略研究。	①结合信息的综合性、工具性、实践性、整合性、兴趣性等特点,研究创意活力课堂备课的环节设计。 ②信息内容以变革知识和方法在教材中呈现的方式,基于教材,引导教师理解基于教学法循环迭代,以创意活动为手段,促进学生认知和问题解决能力提升,培养学生将创意转化为现实的意识和能力。

(4)强化活动实践,推动星光活动课程开发。

第一,夯实基础课程,让课程更具融合。积极开展国家课程校本化研究,实施学科课程横向整合、纵向拓宽,对国家课程教材内容进行补充、整合与拓展。初步构建学校特色课程文化,丰富课程内容,提升课程实施质量。

第二,开发星光校本课程,培养学生五大素养。建设基于学校办学目标及具有成长特质的健康、求真、向善、尚美的四大课程体系,培养健康生活、科学精神、实践创新、责任担当、人文底蕴五大素养。

第三,开发个性特色课程,让课程更闪亮。为了充分挖掘地方和学校独有特色,围绕"健康、求真、向善、尚美"的四个支柱,创设个性特色课程,丰富学生的校园生活,磨炼学生品格,使学生的核心素养落地生根。

(5)研究过程及主要成果形式。

第一,研究过程。

准备阶段(2020年3月—2020年5月)。学习相关的文献,进行文献的分析,成立研究团队,对研究进行明确的分工,确定、培训实验教师,学习有关活动教学的理论;确定研究的目标和研究的切入点,根据研究内容,设计教师调查问卷,分析存在的问题,找准研究的起点,确定研究方向;制定研究的基本措施与制度等。

实施阶段(2020 年 6 月—2021 年 11 月)。对研究方案进一步细化和分解,制定研究的具体推进计划,根据研究计划开展项目研究工作;在学科教学中,边实践边总结,形成案例分析集,针对学校的校级小课题开展好各项研究;根据实验指标,积累收集实验资料,分析有关现象,进行阶段总结;加强课题的过程管理,积极参与区市省各级专家对课题研究情况进行指导、调度和管理,切实提高实验教师的理论修养和操作水平;组织实验教师参与活动教学范例展示,认真反思总结,总结经验,对资源实行共享,提高研究质量。

总结阶段(2021 年 12 月—2022 年 5 月)。收集并整理实验的各项研究成果,加以归纳与提炼,为罗庄区"基于核心素养区域整体推动活动教学改革实验"研究报告撰写提供丰富翔实的资料。整理各种资料,收集相关论文、阶段总结报告,装订资料,撰写学校活动教学研究报告。

第二,主要成果形式。

(1)课题主要成果形式。

①临沂第七实验小学"熠"课堂教学设计案例集;

②临沂第七实验小学"熠"课堂活动案设计展示集;

③临沂第七实验小学"熠"课堂学科策略成果集;

④临沂第七实验小学"熠"课堂教学实验研究报告。

(2)实验研究成果。

①论文类:"熠"课堂活动教学策略系列论文;

②论著类:"熠"课堂活动教学范式构建;

③特色教师:培养若干名特色教师。

(6)保障机制。

第一,成立实验项目核心组,科学引领实验发展。学校以教学研究指导中心牵头,以学科为单位,在全校(含明珠和回小两处村小)遴选骨干教师成为实验核心组,根据班级特点、学科特点组建活动教学实验小组,研究探讨活动方案的制定和使用、教师导学备课形式、活动课堂教学流程、活动评价检测等环节实施方法,在实践的基础上形成具有自己学科特色的"熠"课堂模式。

根据实验研究需要建立实验研究领导小组,由刘同科校长任组长,韩红斌任副组长,业务科室主任、各村小校长为成员。同时成立实施小组,组长为韩红斌,教研中心主任、各学科教研员及各学科实验骨干教师参加的实验研究实施小组。

第二,加大实验教师培训力度。学校积极为实验教师文献研究、实地考察提供物质保障和财力保障。同时积极邀请教学改革专家到校进行指导。积极通过学校教研平台发送相关培训学习内容,组织开展专题研讨、读书论坛等活动,提高学习培训的实效性。

第三,完善评价激励机制。进一步完善学校课改相关制度,落实研究保障机制,鼓励教师参与实验,积极为教师实验研究创设优良氛围。对于在教学改革中表现突出的实验教师在荣誉评选、业务评优等活动时适当予以倾斜。加大课改典型宣传推介力度,及时通过学校宣传媒介推介优秀做法和先进经验。

【附】龙头课题研究

一、课题名称

基于学生发展素养的"熠"课堂教学策略实践研究

二、课题成员组成

组　　长:刘同科

组成员:韩红斌　宋长英　杨南南　云　扬　侯龙龙

　　　　闫凡红　孟祥萍　王之玲　李国欣

三、核心概念界定

熠:闪烁,光彩;火,燃烧中发出光和热;习,小鸟反复试飞。本课题中"熠"与"让每一颗星都闪亮,让整个星河都灿烂"办学理念相融,火,我们的理解是学生能够在学习中闪现智慧的火花,获取思想的丰盈,从而展示出自己的思想和智慧的光彩,实现真正的全面成长;习,反复的学习实践需要活动支撑,需要在具体的情境中不断地反复检验,似小鸟双翼不断在"试飞"活动的情境中锻炼。结合以上解释,本课题中的"熠"说的是,在课堂中引导学生经历学习过程,在活动中反复体验、探究,学会展翅飞翔,成为全面发展的人。

"熠"课堂:以课堂为主阵地,以"个学—共学—评学"为基本模式,以"主动、互动、灵动、生动"为追求,借助活动学习单这个中介,在活动中共学,在活动中引学,在活动中评学,将活动贯穿始终,将育人贯穿始终,将体验贯穿始终,将展示贯穿始终,打造主动、互动、灵动、生动的课堂。

四、课题研究目标

(1)通过课题实验研究,探索"熠"课堂教学备课流程,寻找"活动案"高质量设计的备课方法,探索学生个学、同伴共学、老师引学备课的有效结合点,逐步形成"一切从学生出发""一切引导学生学习"的"熠"课堂的基本备课思路。

(2)通过课题实验研究,探索并逐步完善基于学生发展核心素养的、符合各学科特点的"熠"课堂教学策略,逐步形成"个学—共学—评学"课堂基本模式,理清"主动、互动、灵动、生动"的课堂基本思想,从而打造学校"三学四动"教育文化品牌,学生课堂主体地位得到更好落实,教师教育理念得到进一步提升,专业化、科学化和系统化教学骨干不断涌现,教育教学质量得到稳步提升。

(3)通过课题实验研究,探索并逐步完善"光"课程四大体系,积极开展国家课程校本化研究,实施学科课程横向整合、纵向拓宽,构建个性与共性同在的特色活动体系,打造基于此活动体系的活动课堂模式形成,培养学生个性发展,尊重学生个性张扬。

(4)通过课题实验研究,探索"熠课堂+光课程"评价体系,探索依托活动的"七彩少年"评价主体、内容和形式,探寻教学改革中教师"五星级评价"实施方法,使得课改中的教师能力得到提高,活动课改中"健康、求真、向善、尚美"的星光少年更加阳光自信,核心素养落地,各学科学业质量不断提高。

五、课题研究内容

(一)研究对象

聚焦课堂,从实施活动教学入手,改革传统意义的备课形式、内容,全面推进依托活动案实施教学的基本策略及评价方式研究,彻底改变以教师"教"为中心的课堂教学样态,打造活动化的学生学习教育新生态。

(二)总体框架

1. 学校备课、课堂现状归因分析研究

通过对全校教师备课、课堂的现状进行调查,发现本校备课、课堂存在的问题,梳理问题,提出解决问题的方法,形成调研报告,给下面的备课、课堂研究提供基准点;通过课堂观察、教学质量参考,遴选学校各学科中优秀教师先进的教学经验,进行提炼,总结出学科共性教学经验,为下面的学科活动教学策略研究提供参照物;广泛参考"素养"和"活动"为主题的文献,对文献进行研究学习,深入组织教师围绕学习专题内容进行认真研读,科学把握基本理念、思想实际及操作要求。

2. 基于学生素养发展的活动案编制研究

一是以学科为主体,系统组织各学科教师开展教材研读,建立学生发展素养和课程标准指导下的教材解读分析研讨交流机制,通过集体备课、专题研讨、课例观摩等方式深化认识、提高教师对教材内容的正确把握;二是认真做好学科自主学习活动案的呈现形式、活动案的变式的研制,紧密结合课标和教材内容的解读,科学合理制定基于学生发展素养的活动案。

3. 以"学"为中心的备课流程研究

以备课为主要研究对象,找到个体先学活动案与教师导学流程的契合点,学不离导,导不离学,探索备课过程中重点引导内容、目标达成回扣、活动情境使用等主要内容,力求教师的导是在孩子学的基础上进行的,以"学"为基础点,在基础点上进行提升,从而达到每个孩子都在自己个体的基础点出发,到达教师"导"学的提升点。

4. 活动课堂基本模式构建研究

以"熠"课堂的活动案为载体,以活动化学习为主要方式,以课堂观察量表为评价媒介,推进"熠"活力课堂基本模式构建研究。通过行动研究,找到适合各个实验学科特点的活动教学策略,重点从(学、导)目标的制定、情境选择、交流共学(导学)、结果评学方面进行实践研究,探索出基于核心素养培养的"熠"课堂实施策略,促进活动教学特色课堂下的学生核心素养提升,教师教学水平得到提高。

5. 基于活动实践的星光活动校本课程开发

一方面夯实基础课程,让课程更具融合。积极开展国家课程校本化研究,实施学科课程横向整合、纵向拓宽,对国家课程教材内容进行补充、整合与拓展。初步构建学校特色课程文化,丰富课程内容,提升课程实施质量。另一方面开发星光校本课程,培养学生五大素养。建设基于学校办学目标及具有成长特质的健康、求真、向善、尚美的四大课程体系,培养学生的人文素养、科学精神、强健体魄、艺术修养、创新能力五大素养。第三,开发个性特色课程,让课程更闪亮。为了充分挖掘地方和学校独有特色,围绕"健康、求真、向善、尚美"的四个支柱,创设个性特色课程,丰富学生的校园生活,磨炼学生品格,使学生的核心素养落地生根。

6. "熠"课堂评价方法与策略研究

探索"熠"课堂评价体系,依托学生发展素养的训练体现以及活动化教学实施两项重要指标,科学制定课堂评价标准,关注课堂实施过程量化指标的落实。

着眼"熠"课堂中师生表现性评价,探索依托学习活动的"七彩少年"评价主体、内容和形式,活动课改中"健康、求真、向善、尚美"的星光少年更加阳光自信,核心素养有效落地。探寻教学改革中教师"五星级"评价实施方法,使得课改中的教师能力得到提高,各学科学业质量不断提高。

六、课题研究方法

1. 文献研究法

课题组成员通过查阅活动、素养有关主题的文献资料,学习相关理论资料,借鉴先进经验,为"熠"课堂研究提供依据和线索,在检索过程中,注重对"活动导学案"的文献查找,如果资源不足,就扩大检索范围至"活动教学"。对检索的相关资料,进行分类整理。

2. 个案研究法

课题组对每个学科、每位教师课堂改革中出现的典型案例进行记录、观察、访谈、分析等,对这些数据进行有效整理,探寻成功的经验和存在的问题。

3. 调查研究法

通过对学科教师进行书面或问卷星调查,探寻实际改革中存在的问题和教师个人的专业成长需求,并开展学校现状课堂低效的归因分析。

4. 行动研究法

课题组全体成员在课题负责人的带领下,上好每一节活动课,开展好每一次的研讨活动。共同合作研究本课题中出现的各种问题,并用行动来解决实际问题。根据实践进行经验总结、提炼成果并撰写论文。通过现场会、经验交流会等各种方式实现对经验的总结提升,扩大研究成果的使用价值。

七、课题研究过程

1. 准备阶段(2020 年 3 月—2020 年 5 月)

学习相关的文献,进行文献的分析,成立研究团队,对研究进行明确的分工,确定、培训实验教师,学习有关活动教学的理论;确定研究的目标和研究的切入点,根据研究内容,设计教师调查问卷,分析存在的问题,找准研究的起点,确定研究方向;制定研究的基本措施与制度等。

2. 实施阶段(2020 年 6 月—2021 年 11 月)

对研究方案进一步细化和分解,制定研究的具体推进计划,根据研究计划开展项目研究工作;在学科教学中,边实践边总结,形成案例分析集,将学校的校级小课题开展好各项研究;根据实验指标,积累收集实验资料,分析有关现象,进行阶段总结;加强课题的过程管理,积极参与区市省各级专家对课题研究情况进行指导、调度和管理的活动,切实提高实验教师的理论修养和操作水平;组织实验教师参与活动教学范例展示,认真反思总结,总结经验,对资源实行共享,提高研究质量。

3. 总结阶段(2021年12月—2022年5月)

收集并整理实验的各项研究成果,加以归纳与提炼,为罗庄区"基于核心素养整体推进活动教学改革实验"研究报告撰写提供丰富翔实的资料。整理各种资料,收集相关论文、阶段总结报告,装订资料,撰写学校活动教学研究报告。

八、课题预期成果

(1)临沂第七实验小学"熠"课堂教学设计案例集;

(2)临沂第七实验小学"熠"课堂活动案设计展示集;

(3)临沂第七实验小学"熠"课堂学科策略成果集;

(4)临沂第七实验小学"熠"课堂教学实验研究报告。

(三)临沂华盛实验学校"素养·活动"教学改革实验行动研究方案

1. 课堂教学现状分析

课堂教学是当前教学最直观、最生动形象地传授知识的形式,通过课堂这一媒介,实现"教"与"学"的互动性与参与性。2001年6月,国家颁布新课改方案以来,陈佑清教授将教学解释为教师教导学生学习各种发展资源促进学生身心全面发展的活动。新的课程改革提出核心素养,特别是PISSA测试,更是将教学的重心转移到培养学生核心素养上来,对于必备品格、关键能力的培养,最主要的路径还是"课程—课堂",由此真正实现由关注教到关注学的转型,实现以学科知识为本位到以育人为本位的转变。

新课程改革以来,我们的课堂发生了一些改变,老师们开始关注到三维目标的培养,课堂不再是单一的传授知识,而是将知识传授、能力培养、品德培养、习惯养成等集中起来。但在长期的课堂观察中,我们也发现,老师们对于课堂教学的追求,仍然采取的是传授式教学,仍然以课本知识为主要的教学内容,没有把课本当作"育人活动之文本",没有把教科书用活;老师们采取的课堂教学策略,仍然是以教师为主体,没有把学生放到主体地位,教师仍是主导;学生的学习更多的是记忆、背诵和操练,少了探究、合作的经历,学习没有真实发生。

素质教育下,核心素养的培养难以落地,教育教学质量不能大幅提高,学生负担重,老师职业倦怠,没有职业幸福感,反思我们的现状,最大的困境和制约因素就是我们的课堂缺少课程理念的规约,教学、科研两张皮,教学、德育各自为政,教与学主客体不分,我们只有真正把学生放在教育的中心,思考教育的本质;把学生放在课堂的中心,以学定教;把学生放在评价的中心,以评促教,才能真正推动教学改革的良性持续发展。

基于以上思考,结合学校的实际,为了更好地指导课堂教学,提高教育教学质量,紧跟"罗庄区基于核心素养区域推进活动教学整体改革实验研究",我们决定开展临沂华盛实验学校基于核心素养的活动教学改革项目。

2. 实验改革预期目标

(1)最高目标。

第一,以学校项目改革实验的研究,带动学校课程建设和特色学校的发展,打造品牌学校。

第二,提升各学科教师专业素质和教学能力,将他们发展成为教育教学的研究者。

(2)学生素养发展目标。

第一,学生在项目实验的改革推进中,能学会合作、学会探究、学会创新等,为孩子的终身学习和发展奠定基础。

第二,学生在学习中,不仅学科素养得到提升,在跨学科活动学习中的关键能力和必备品格也得以养成。

(3)实验具体目标。活动是学生学习的基本形式,是学习者学习知识、培养思维、形成能力的主要途径。我们认为,活动观的提出为整合课程内容、实施深度教学、落实课程目标都提供了保证,同时也是真正实现课堂学习方式变革的可操作性途径。所以,我们应该从学习活动观的视角去审视课堂教学的设计、课程内容的整合、学习方式的优化和评价方式的多维化。

基于以上的思考,我们通过活动教学改革的实验研究,确定的研究总目标即实践指向学科核心素养发展的学习活动观,实施深度教学,落实培养学生核心素养的目标。具体目标如下。

第一,架构基于核心素养的学校课程体系,构建学科课程群,开展好基础课程和拓展课程,立足于核心素养的培养,开展好除了常规的教学活动外,组织开放的、具有挑战性的项目式学习、研究性学习、创造性学习等活动,引入和利用多种资源,激发学生主动参与、认识自我、发展自我。

第二,开展指向核心素养发展的单元整体教学,以发展学科核心素养为宗旨,界定单元教学目标,围绕单元主题分析单元内容,设计学习活动,开展自主、合作、探究学习。

第三,构建学科活动教学课堂范式。践行指向核心素养的学习活动观,明确活动是学习的基本形式,是提升教与学效果的可操作的途径。

第四,探索出一套基于核心素养下的活动教学改革评价体系。设计指向核心素养的评价活动,以评促学,引导学生参与自评和互评的活动设计,开展多维度的评价活动。

3. 实验改革策略

(1)确立实验指导思想、价值理念与教学主张。新一轮的课程改革将教学的重心转移到培养学生核心素养上来,对于必备品格、关键能力的培养,关注的是学生学习的持续力,是人的完整发展、全面发展、个性发展。皮亚杰在发生学意义上探讨了活动对于儿童知识获得的意义,特别是对于缄默性知识的获得,必须与主体活动相结合,通过学生个体多次反复的自主操作、活动体验、思索探索才可以形成。心理学研究表明能力是活动的结果。杜威对活动的能力发展价值提出,教育并不是一种告诉和被告诉的过程,而是一个主动的和建设性的过程,学科核心素养指向的学生能力、智慧需要通过学生的主体活动来实现;核心素养指向人的必备品格。皮亚杰认为活动对道德的发展的作用主要体现在活动中各种行为的协调、合作交流中引起道德的需要。

我们要基于活动教育改革的哲学思考,建构实验项目的理论体系,在改革实验中以人的培养、学生素养的提升为指向、观察思考课堂现状、通过课堂结构化的改变,来实现素养的落地,最终提炼学科活动教学范式。

(2)实验科学设计。

第一,确定以核心课题引领下的学科实验课题。学校成立实验课题核心研究小组,主攻基于核心素养下的活动教学课堂范式构建。

每个学科成立学科研究小组,建立自己的学科子课题:

语文学科:基于核心素养的单元化活动教学;

数学学科:以活动促进深度学习;

英语学科:践行学习活动观,促进核心素养的发展。

第二,实验组认真研读梳理核心素养下活动教学改革文献,整理适合学校核心课题推进的理论指导体系。

第三,立足课堂,开展活动教学课例研修,总结学科活动教学范式,提炼学校特色的活动教学范式。

（3）基于学生素养发展的活动设计、课程开发和文化建设。

第一，以课程建设的实施为手段，促进学生养成教育，全员育人，个性培养。以活动课程为着力点培养学生综合素养。①加强科学课程建设，提高实验教学质量，深化科普教育，不断提高学生的科学素养；②积极探索数学、英语学科素养的培养策略，深入开展学生素养展示活动；③注重读写能力的提升，积极推进语文主题教学改革及文学社团建设，加强书法教育，促进学生深度阅读、规范书写，提升学生的人文素养，围绕国学经典，开展深度阅读实践活动；④加强学生行为习惯培养，通过德育课程活动的推进，推介育人活动，以点带面，推动习惯养成活动全面展开。

第二，立足国家课程和校本课程的实验研究，设计制订学习活动单，并在实践中，不断地优化设计，形成学科活动学习的范式，在成果论证后，全校推广。

第三，实验组织的组建。通过学校和教师双线自主选择，确定学校的实验学科、实验教师和实验年级；并根据每位教师的研究能力成立活动教学研究团队，组织教师进行前期的文献学习和后期的课堂实践，做到理论和实践紧密结合。

（4）实验研究过程和主要成果形式。

第一阶段：准备阶段（2020年3月—2020年4月）。

成立研究团队，对研究进行明确的分工，确定、培训实验教师；根据研究内容，设计教师调查问卷，分析存在的问题，确定研究方向；制定研究的基本措施与制度等。

第二阶段：实施阶段（2020年5月—2021年11月）。

第一，课题驱动。以课题研究的形式推进实施，研修成员一起基于实践，进行深入地探讨，并发现问题，建立自己的小课题研究，最终形成个性化的研究成果。

第二，课程改革。依托课堂，参与课程改革，研修成员在实验领导小组的帮助下，积极参与课程改革，开展课例研修活动，在研究中，不断生成更多的经验，生发更多的问题，开展更深入的研究，逐步形成自己的教学风格。

第三，成果推广。每位实验成员在教学改革方面要及时总结，提炼研究成果，并通过名师论坛、专题讲座、课堂展示等活动，积极带头辐射。

第三阶段：总结提升阶段（2021年12月—2022年5月）。

第一，汇集材料，整理分析研究结果，撰写总结性研究报告。

第二，撰写活动教学论文，提炼活动教学学科范式。

（5）保障机制。

第一，建立实验组织机构。通过各种形式进行广泛宣传和发动，为活动教学的开展做好充分的思想准备,成立学校课堂活动领导小组,通过学习和研讨修订实施方案。

第二,建立实验培训系统。组织学习、提高能力。组织全体教师深入学习活力课堂教学理论,正确理解和把握活动教学规律及其基本方法,明确活动课堂教学改革的方向,为实践行动寻找理论支撑。

第三,建立教师专业支持系统。调研反思,找出问题和差距。通过学习,在对活动教学的含义有了一定的了解后,组织教师根据活动教学的要求通过自评互评找出自身课堂教学存在的问题和不足,明确实施"活动教学"建设的重要性和必要性。

(四)临沂沂堂中学方正"素养·活动"教学改革实验研究方案

1. 改革实验背景

(1)实施"方正活动教学改革实验研究",是实施素质教育的需要。现阶段,随着我国新课程改革的不断深化,初中教育中教学理念以及教学方法也相应地发生了积极的转变。但是,通过对初中教育教学实践情况进行分析可知,由于长期以来受到应试教育的影响,大部分教师仍然采用传统的灌输式的教学方式,学生处于被动接受地位,主体性作用没有得到充分的体现,课堂教学效率不尽如人意。

(2)实施"方正活动教学改革实验研究",是提升学校发展水平的需要。临沂沂堂中学在罗庄区是一所教学质量相对较差的学校。学校因为地处罗庄和兰陵交界处,很多优秀学生转学至罗庄城区,学生生源质量很差;同时因教师多年严重缺编,导致教师年龄结构偏大。老教师多年来形成的传统教学思想和教育行为根深蒂固,教学方法落后,教学效率低下,不能顺利完成教学目标,亟须实施课堂教学改革,提高教师专业素养。另外,学校学生学习基础特别薄弱,自学能力和接受能力特别差,学校必须按照因材施教的原则,研究制定符合自己学生实际的课堂教学策略,才能促进学校教育教学质量的提高。

(3)实施"方正活动教学改革实验研究",是学校办学特色的需要。通过"方正活动教学改革实验研究"实践与研究,形成高效的、独具特色的教学策略、教学特色,打造"沂堂中学方正"特色课堂,实现学校特色发展、内涵发展,让"临沂沂堂中学"成为"有特色"的农村中学。

2. 理论依据

(1)有关活动教学理论。从最早卢梭的自然教育到杜威的"做中学"、列昂捷夫的活动理论、皮亚杰的发生认知论、陶行知的"生活教育""教学做合一"、陈鹤琴的活动化教学、叶澜的"新基础教育理论"、郭思乐的生本教育理论、朱永新的"新教育",再到后来田慧生的活动教学理论等,这些知名大家,他们持续倡导活动理论和活动教学实践,有的亲身研究与实践,不断取得突破性研究成果。这些理论都是围绕学生"活动""学习"来建构的,同时也为实验提供了理论支撑。

（2）人本主义学习理论。其主要代表人物是马斯洛（A. Maslow）和罗杰斯（C. R. Rogers）。人本主义的学习理论从全人教育的视角阐释了学习者整个人的成长历程,以发展人性;注重启发学习者的经验和创造潜能,引导其结合认知和经验,肯定自我,进而自我实现。人本主义学习理论重点研究如何为学习者创造一个良好的环境,使其从自己的角度感知世界,发展出对世界的理解,达到自我实现的最高境界。罗杰斯认为,教师的任务不是教学生知识,也不是教学生如何学习知识,而是要为学生提供学习的手段,至于应当如何学习则应当由学生自己决定。教师的角色应当是学生学习的"促进者"。

（3）建构主义的学习观。

第一,学习不是由教师把知识简单地传递给学生,而是由学生自己建构知识的过程。学生不是简单被动地接收信息,而是主动地建构知识的意义,这种建构是无法由他人来代替的。

第二,学习不是被动接收信息刺激,而是主动地建构意义,是根据自己的经验背景,对外部信息进行主动地选择、加工和处理,从而获得自己的意义。外部信息本身没有什么意义,意义是学习者通过新旧知识经验间的反复的、双向的相互作用过程而建构成的。因此,学习不是像行为主义所描述的"刺激·反应"那样。

第三,学习意义的获得,是每个学习者以自己原有的知识经验为基础,对新信息重新认识和编码,建构自己的理解。在这一过程中,学习者原有的知识经验因为新知识经验的进入而发生调整和改变。

第四,同化和顺应,是学习者认知结构发生变化的两种途径或方式。同化是认知结构的量变,而顺应则是认知结构的质变。同化—顺应—同化—顺应……循环往复,平衡—不平衡—平衡—不平衡,相互交替,人的认知水平的发展,就是这样的一个过程。学习不是简单的信息积累,更重要的是包含新旧知识经验的冲突,以及由此而引发的认知结构的重组。学习过程不是简单的信息输入、存储和提取,是新旧知识经验之间的双向的相互作用过程,也就是学习者与学习环境之间互动的过程。

（4）建构主义学生观。

第一，建构主义强调，学习者并不是空着脑袋进入学习情境中的。在日常生活和以往各种形式的学习中，他们已经形成了有关的知识经验，他们对任何事情都有自己的看法。即使是有些问题他们从来没有接触过，没有现成的经验可以借鉴，但是当问题呈现在他们面前时，他们还是会基于以往的经验，依靠他们的认知能力，形成对问题的解释，提出他们的假设。

第二，教学不能无视学习者的已有知识经验，简单强硬的从外部对学习者实施知识的"填灌"，而是应当把学习者原有的知识经验作为新知识的生长点，引导学习者从原有的知识经验中，生长新的知识经验。教学不是知识的传递，而是知识的处理和转换。教师不单是知识的呈现者，不是知识权威的象征，而应该重视学生自己对各种现象的理解，倾听他们时下的看法，思考他们这些想法的由来，并以此为据，引导学生丰富或调整自己的解释。

第三，教师与学生，学生与学生之间需要共同针对某些问题进行探索，并在探索的过程中相互交流和质疑，了解彼此的想法。由于经验背景差异的不可避免，学习者对问题的看法和理解经常是千差万别的。其实，在学生的共同体中，这些差异本身就是一种宝贵的现象资源。建构主义虽然非常重视个体的自我发展，但是他也不否认外部引导，亦即教师的影响作用。

（5）学习动机理论。学习动机是指激发个体进行学习活动，维持已引起的学习活动，并致使行为朝向一定学习目标的一种内在过程或内部心理状态，是开展学习活动的前提条件。关于学习动机的理论有强化理论、需要层次理论、成就动机理论、归因理论等。

（6）叶澜教授的理论主张。让课堂焕发出生命的活力。他认为"传统课堂教学的主要问题是什么？为何会存在这些问题？这是当前深化课堂教学改革，首先要回答的"①。应该说，这些问题曾有过讨论，人们的认识也有进展，如认为过去的课堂教学主要关注教师的教，忽视学生的学，重视知识的传递，忽视能力的培养，忽视学生学习中的非智力因素等等。然而，这些认识的发展，尽管起了拓展思路、丰富认识的作用，但仍然局限在对教学性质的传统认识中，并未跳出原有的大框架。今天，课堂教学改革的深化，首先要求我们重新审视这一大框架的合理度。

---

① 叶澜. 让课堂焕发出生命活力[J]. 教育研究,1997(9):7.

3. 课题的界定

"方正活动教学改革实验研究"以教师教学活动和学生学习活动单为依托，以课堂教学六环节为抓手，以"变教室为学堂，变教学为教育，变课堂为舞台"为目标，在培养学生"六自品质"——自制、自主、自尊、自信、自省、自强的基础上，把课堂变成实施素质教育的主阵地，把课堂变成学生参与学习、体验合作成功、享受快乐的殿堂。

本课题主要研究探索各学科体现主体性、自主性、实践性、创造性、情境性、综合性的"方正活动教学"特质，推进"活动体验型""活动交往型""活动探究型"教学模式研究创新，打造具有本学科特色的"方正活动教学"的"1263"教学基本范式和操作流程。

"1"是指学生发展素养这一根本目标。

"2"是指向发展素养学科内容研究和"素养—活动"教学机制研究双线推进。

"6"是指"情境分析—目标确定—评价任务设置—学习活动—展示交流—总结评价"的教学流程。

"3"是指探究性活动、体验型活动和创造性活动3种教学活动方式。

4. 可行性分析

实施"方正活动教学改革实验研究"立足学校实际，学习借鉴"杜郎口中学""洋思中学"的课改经验，提炼出"素养—活动"课堂操作策略，符合党和国家的教育方针，并全面贯彻党的教育方针——坚持教育为社会主义现代化建设服务、为人民服务，把立德树人作为教育的根本任务，全面实施素质教育，培养德智体美劳全面发展的社会主义建设者和接班人，努力办好人民满意的教育。

实施"方正活动教学改革实验研究"反映了我校大部分师生的意志和心声。落后的教育教学现状，促使每一个沂堂中学人"穷则思变"，求实、求变、求新、求发展的意念根植于每一个沂堂中学人的心底。学校顺应广大师生的需要和愿望，适时推进课堂教学改革水到渠成。

"方正活动教学改革实验研究"是学校的主导课题，必将得到学校人力和财力的有效保障。该课题由学校校长亲自挂帅，业务副校长负责具体组织和落实。学校的行政力量必然使课题的实践和研究工作得到有力的推动和发展，举全校之力全面推进"方正活动教学改革实验研究"，一定会取得预想成果。

5. 实验改革的预期目标

(1)各学科通过课题实验研究，确定实施学生发展核心素养活动教学的基本思路和措施,形成基于学生发展素养的学科课堂教学模式和课堂框架,打造区域课改典型。

(2)通过课题实验研究,进一步转变教师学科教学理念,树立基于学生素养发展的课堂教学意识,提高基于学生发展素养的课堂设计与实施能力,培育一大批理念新、能力强、素质过硬的学科特色骨干教师。

(3)借助活动教学实验研究,让学生能学会合作、学会探究、学会创新等,为孩子的终身学习和发展奠定基础,扎实推进学生素养全面发展。

(4)学生在学习中,不仅学科素养得到提升,在跨学科活动学习中的能力和必备"六自"品格也得以养成。

(5)以学校项目改革实验的研究,带动学校"方正课程"特色建设和特色学校的发展,打造"方正"品牌学校。

6. 实验改革的主要内容

(1)方正活动教学改革实验研究宜广泛开展好基于学生发展素养的教学前期调查研究。

第一,开展教师基于学生发展素养课堂实施情况的跟踪调查,认真调研临沂沂堂中学的师资配备、教师的课堂教学方式、教师的学理能力和校本研究能力,认真分析教师教学设计的定位以及学生课堂学习主题化现状。

第二,开展学生基于学生发展素养课堂实施情况的跟踪调查,充分调研沂堂中学学生的学习习惯、自学能力、自制能力、耐力、沟通能力和自我调节能力。为对接有效开展学生发展素养研究及"素养—活动"教学提供实践依据。

第三,通过调研总结临沂沂堂中学"636"高效课堂前期学科研究中的经验和成功典型,科学分析梳理其有效做法,形成可供推广的基本思路、模式和做法,并推而广之,为形成新思想支撑下的"素养—活动"教学提供支持参考。

(2)开展方正活动教学改革实验研究基于学生发展素养形成和发展的学理策略研究。

第一,学校要加大校本研究的力度,各学科要通过专题培训、集体备课、课例研讨等专题活动促进学生发展素养与教材内容的对接,引领学科教师不断加大学生发展核心素养以及学科核心素养的学习研究力度,推进学科大概念、学科结构、学科思想与方法及学科情境四大要素与学生发展素养的关系研究,努力打通"学生发展核心素养—学科核心素养—课程标准—学期课程纲要—大单元设计—课堂教学"之间的联系。

第二,学校要加强教科研的力度,梳理完善各学科课堂教学中的、具体落实学生发展核心素养的基本思路和操作策略,整合深度学习、项目式学习、单元主题教学、研究性学习、模块教学、语文学习任务群教学等实践做法,探索学科体现主体性、自主性、实践性、创造性、情境性、综合性的"素养—活动"教学特质,推进"活动体验型""活动交往型""活动探究型"教学模式研究创新,初步形成较为科学系统的、基于学科的学生发展核心素养形成和发展的训练逻辑体系。

(3)推进基于方正活动教学改革实验研究的活动教学课堂结构范式研究。本课题主要研究探索各学科体现主体性、自主性、实践性、创造性、情境性、综合性的"方正活动教学"特质,推进"活动体验型""活动交往型""活动探究型"教学模式研究创新,打造具有本学科特色的"方正活动教学"的"1263"教学基本范式、操作流程。

"方正活动教学"的"1263"教学基本范式中"6"环节的教学流程策略研究,是根据前期研究的操作环节,对每个环节的具体操作策略进行研究,形成"方正活动教学"高效课堂的具体操作策略。

第一,情景分析策略研究。要想让学生亲身经历学科的概念、命题与理论创生的过程,并从中体验、感悟学科概念、命题与理论背后所隐藏的学科核心素养,只有通过创设问题情境分析让学生经历所学知识的创生过程,逐步将知识创生者所具有的核心素养内化为自身的核心素养。教学中就要根据概念、命题与理论设计"活动"问题情境,通过分析来解决蕴含在特定"活动"情境中的问题信息,自然就提高了学生的求知欲和学习兴趣。

第二,目标确定策略研究。通过研读课程标准和三维目标,再分析学情、明了学生的应然与使然的差距,从而设计目标确定策略。

第三,评价任务设置策略研究。在本项研究中,根据确定的学习目标和内容,结合学生特点及能力差异,重点研究设置出低重心学习任务的呈现形式及学习效果的保障、学习中教师指导作用的发挥、学习效果的评价,形成学习评价任务设置的操作流程。

第四,学习活动策略研究。活动学习凸显了新课程改革的理念,对于培养学生的实践能力、创新能力和综合素质具有重要作用。通过研究自主操作活动、探究活动、考察活动、艺术活动、交往活动、读书活动的策略来深化新课程改革。

第五,展示交流策略研究。重点研究展示内容、方法、形式、效果、评价和教师的主导作用,形成展示交流活动的操作流程。

第六,总结评价策略研究。重点研究总结的目的、方法,学生评价中表扬和批评的策略,学生评价和小组评价机制的研究,形成总结评价的操作流程。

（2）基于学生方正核心素养下的共同体建设研究。

第一,通过家校合作共同体建设促进学校的发展。学生核心素养的形成是学校和家庭教育共同承担的责任,学校指导家庭教育,家长支持学校教育,通过学校开放日、家长会、家委会、家长微信群、"千人进万家"等活动或方式,使家校双方主体形成合力,学校必须要将家长看作学生的合作教育伙伴,沟通协调共同参与学生的教育活动管理,构建与之相适应的学校合作模式。

第二,通过教师共同体建设促进学校的发展。学生的成长、学校的发展离不开名师的发展,造就一支"师德高尚、教艺精湛、思想活跃、教有专长"的智慧型教师队伍,就应通过教师共同体的建设,在集体教研、课题研究组、"青蓝工程"、名师工作室、专家引领等活动的培养下,打造我校智慧型教师、骨干教师、青年教师专业发展的三个梯队教师建设。

第三,通过校际联研共同体建设提升学校的发展。地域、经济发展因素严重制约着学校教学质量的进一步提高,城乡学校间发展很不平衡。通过校际联研、支教帮扶、班级合作、合作研修、教育资源共享等活动共同促进教师专业成长,建立校际资源共享、优势互补、精诚合作、互惠互利的教学研修合作机制,实现校际均衡化发展。

（3）基于学生方正素养发展的活动教学课堂评价策略研究。对应课堂基本要求,建立基于学生素养发展的学科"方正活动教学"实验评价导引,不仅要注重学生学习的结果性评价,而且要注重学生学习活动的过程性评价。同时,教学评价的指标应相对具体、明确,具有可操作性。教学评价与教学目标之间要具有高度的相关性,实现素养落实和活动教学双指标达成。课堂教学能够紧扣学生发展核心素养,体现活动教学的基本规律和要求。

（4）基于学生素养发展的活动设计与活动课程开发的研究。学校开展的"方正课程"开发与实施策略研究,是用"方正课程"来启发、引导、教育全体师生,促进教师以高尚的师德、高超的学养担负教书育人的使命,帮助学生形成知善、向善、乐善的精神品质,引导其全面、健康、和谐地发展。

第一,通过"方正课程"实践研究,致力于将我校学生培养成为具有善正之心,具有高度的责任意识和一定的科学、人文素养,文明、文雅、进而具有初步文化内涵的人;致力于把沂堂中学的师生关系和生生关系建设成相互友善、互相善待的和谐关系,进而建设"行方智圆,守正日新"和谐校园。

第二,通过"方正课程"活动研究,努力创造条件,让学生在和谐的教育氛围中愉快地学习,发展个性,陶冶情操,培养能力;在学生和谐发展的同时,教师个人专业得到发展,真正做到师生共同和谐发展,教学相长。

第三,通过"方正课程"统领校园环境建设、管理模式、教育教学等方面工作,追求以"方正立校,美善育人"为特色的独特的整体风貌和显著的育人效益。

(5)基于学生方正素养发展的活动教学保障措施研究。教学研究中心及各学科要加强对教学研究的指导力度,建立健全校级专家指导组,充分发挥学科指导组作用,定期深入学科,跟进各教研组、实验教师研究进度。教学研究指导中心将定期组织开展课改能手、课改之星以及特色课堂、特色教师评选活动,积极发现课改典型,适时组织专题研讨会、成果推介会等形式进行宣传推广。《沂中教研》等媒介开辟专题栏目交流学科组、教师研究成果。

7.研究方法

(1)行动研究法。在活动教学的过程中,边探索,边实践,边检验,边完善,把研究与实践紧密结合起来,边归纳,边总结,积累丰富的有效课堂教学的实践经验,探索出学科"方正活动教学"策略。这是本课题研究的最重要方法。

(2)案例研究法。以育人为本,立足"有效、高效",主要从学科出发,针对某一课例、某一课型或者某一学生发展时期等典型的课堂教学案例进行分析研究,提炼出相应的学科"方正活动教学"课堂教学范式。

(3)叙事研究法。教师通过对教学故事(撰写教学案例)的叙述反思自己的教学行为,从而改进和重建自己的教育方法,提高教育教学水平。

(4)文献研究法。搜集、鉴别、整理文献,并通过对文献的研究和学习,形成科学的认识和操作策略。

(5)观察法。在课堂教学中,运用观察法来搜集、分析课堂教学信息。

(6)经验总结法。对在课堂中科学、有效的做法进行归纳与分析,使之系统化、理论化,上升为经验,并予以推广。

8.课题的研究阶段

(1)整理阶段(2020年3月—2020年6月)。课改小组认真学习《临沂沂堂中学方正活动教学改革实验研究方案》课题材料,聘请专家指导课题研究方案。各教研组长根据本学科特点研究制定学科"素养·活动"教学课堂范式。

(2)推进阶段(2020年7月—2022年1月)。

第一,初步推进阶段(2020年7月—2020年8月)。各教研组长根据本学科特点研究制定学科"方正活动教学"课堂范式。通过开展赛课活动,进一步打磨完善学科"方正活动教学"课堂范式,培养课改带头人,充分发挥课改带头人的攻关、示范、带头作用。探索校本培训机制,转变教师思想,培养学科"方正活动教学"课堂教学技能,提高教师的操作能力。

加强校本培训和教研力度,通过示范课听评、论坛式教研、体验式教研、主讲式教研等活动及时交流成果,及时解决课堂教学中的困惑和问题。

实施菜单式课题研究,制定子课题研究方案和学校课题管理制度。

邀请区专家领导来校指导把脉。

评选优秀教学案例、评选优秀教学反思成果。

第二,全面实施阶段(2020年9月—2021年11月)。开展教师学科"方正活动教学"课堂达标活动,提升教师熟练驾驭新课堂的水平。

教师一轮赛课,评定课堂教学等级,评选方正特色课堂并颁发"课改能手"证书,课堂教学等级结果纳入个人量化。

启动课堂督评机制,全面推动学科"方正活动教学",提高学科"方正活动教学"课堂的常态课质量。

教师二轮赛课,评选第二批方正特色课堂。根据教师赛课成绩、特色课堂及常态课堂的评价成绩,评选课改带头人、评选沂堂中学教学能手、沂堂中学课改标兵等称号。

(3)总结提升阶段(2021年12月—2022年3月)。

收集整理课改材料,汇集成册。

将实验过程和实验成果撰写成实验研究报告,申请结题。

9.阶段成果及最终成果形式

(1)分析研究过程,总结确立基于学生素养发展的活动教学范式。

(2)课题研究论文集。

(3)形成系列品牌:特色课堂、特色教师、特色学校、典型课例。

(4)收获精神成果:教师感悟、学生感悟。

(5)研究成果:论文、研究报告、著作。

(6)典型报道。

10.课题核心组人员构成与分工

(1)校长主父建军:课题组组长,全面负责课题的方案规划和管理,负责课题研究的保障工作。

(2)业务副校长张景瑞:课题组副组长,实施课题开展的常规管理工作、日常工作的协调调度落实。

（3）教科室主任李洪伟：课题档案员，做好课题的审报、结题和过程性材料的收集、归档。

（4）语文教师马娟：记录员，记录课题开展的各项文本材料。

（5）数学教师侯庆伟：电化信息员，负责实验文本影像材料的拍照、归集、存档。

(五)临沂滨河高级中学"多元扬长"教改实验研究方案

临沂滨河高级中学积极响应罗庄区教体局"基于学生核心素养的区域推进活动教学整体改革实验"的"罗庄教育实验"，积极结合中国学生发展核心素养的形成与发展，全面提升教学质量，落实素质教育和立德树人根本任务的综合研究与科学实验并展开行动研究，适时提出了"多元扬长"教改实验，主动展开探索高中教育综合改革的基层实验，就是我们积极适应"上好学"要求的一次主动实践。

1. 学校教改实验根源于"多元扬长"办学目标

新办高中怎样办学，办什么样的学校？比较一致的回答是：学习成绩、教学质量、教师发展、学生成长、学校品牌……

高中怎么要成绩，高考升学质量从哪里来？植根于"基于核心素养的活动教学改革实验"，开展"因材施教、多元扬长"教改实验，就是我们探索的普通高中教育的学与教的教改实验。

（1）我校"多元扬长"教改实验核心理念的聚焦。为什么必须选择"因材施教、多元扬长"而不是其他？

我们认为，"因材施教、多元扬长"的核心概念的提出是在我校新办学校学生的起点低、基础差、潜力大、高考预期前景缺乏优势的办学困境的基础上，为了提高学校办学质量、学生升学希望而提出的重要举措。我们希望通过因材施教，扬长避短，发现、培养、鼓励、引导学生的自身优势，在此基础上开展多种形式的学习方法指导和升学与职业生涯规划的引导，通过学生各显其能的特长发挥和优势彰显，实现通过多种渠道考入理想的大学的多元化成才路径的办学追求。

我们根据学生特点和办学追求，经过全校研究，拟通过引导学生加大音体美、小语种、科创等方面的学习和数学规划引导，实现多渠道考入理想大学的办学思路；继而逐步探索一些操作性措施，为学生寻求更多的出路，努力实现学生多元成才的教育追求。

(2)"多元扬长"教改实验是新高中教育愿景的研究。临沂滨河高级中学是我区一所崭新的公办农村高中,自筹建工作启动以来,我们一边积极推进校舍改造扩建,一边讨论思考学校发展思路。我们研究制定了以下"三项目标"齐头并进的教育愿景。

一是"办什么样学校"的学校发展目标探索。未来 3 至 5 年,学校将坚持"立德树人、追求卓越"的办学理念,以规范促质量,以特色创品牌,以创新提品质,走民主办学、开放办学、和谐育人之路,把学校建设成为质量优、师资优、环境优、设施优、服务优的"五优"现代化精品高中学校。

二是"培养什么样学生"的学生发展目标探索。着眼于学生的未来发展,全面提高学生素质,培养"有健全人格和感恩情怀,有创新精神和实践能力,有人文素养和发展特长,有主动学习和探究品质"的"四有"新时代学子。

三是"做什么样的教师"的教师发展目标探索。着眼于促进教师持续发展和提升职业幸福,着力建设一支具有现代教育思想、良好师德修养、优秀文化素质、精深业务能力、主动探索研究的复合型新时代教师队伍。

(3)"多元扬长"教改实验是三步走学校规划的研究。

第一步是办学规范。完成学校必需的基础设施建设;完善学校组织机构建立与规章制度的制定;不断充实提升教师队伍;规范教学常规,狠抓课堂教学;整合文化、德育资源,构建学校、家庭、社区合力联动的办学局面。

第二步是特色初成。①强化扬长教育,深入研究落实以学定教、因材施教、分类培养、分层教学、多元成才的育人策略,以特长教育为突破口,组建艺体特长班、科技创新实验班、小语种教学班,对有突出特长的学生实行导师制帮扶、订单式培养,不断拓宽学生成才渠道。②坚持名家科研引领,建设重点特色项目;深入开展校本教研,完善发展激励机制,形成教师成长梯队,培养各科各级名师、学科带头人;特色育人项目运行顺畅、成绩突出。

第三步是品质彰显。①构建完善的多元成才课程体系,实现科研引领、课程多元、课堂高效、活动浸润、自主发展、自主成才。②形成独特的校园文化体系:教师言教身教心教情教,享受职业幸福;学生乐学苦学博学精学,名生不断涌现;管理民主科学、开放包容、人际和谐。学校成为师生共同成长的净土、沃土和乐土。

(4)"多元扬长"教改实验是学与教关系改进的研究。从近现代的学与教的形态选择上来看,活动教学是突出学生学习主体地位的未来教育的必然选择。

近现代史上的教学有两种形式,即"讲授—接受"的传递式教学和"主动参与—主体自觉"的活动式教学。目前来看,授受式的极端分数论和灌输教学基本上已经走向了死胡同,自古以来倡导学与教的有机结合的"以学习者为中心"的"活动教学"成为必然选择。"多元扬长"就是这种学与教关系发展的必然反映和主动实践,是一种整体的生命自觉。

(5)"多元扬长"教改实验是学生核心素养落地的研究。从学习原理和学习心理上讲,学生核心素养的建构和学习主体的学习活动、与学习主体的主动参与高度正相关。如创新思维的养成,绝不是在单一的读书和"授—受"中实现的,"活动"才是主体与客体的通道,才是中国学生发展核心素养真正落地、得以建构和生成的获得生存与发展的有效通道。事实上,"你讲—我听"的静态学习只能表征"高分低能"的"教育繁荣"表象,而很难实现学生生命主体的自我完善和生命丰满。核心素养的建构需要借助一定的载体、通道或机制,这就是活动,是"参与式学习",是"活动式学习",是"做中学"。从某种意义上说,"没有活动就没有发生真正的学习"。学生的长期学习和素养建构,如果没有活动、没有生命自觉,就显得枯燥沉闷、毫无兴趣,学习的知识建构就不会主动生成核心素养;自主、合作、探究学习,如果没有活动,就根本无法正常进行,因为它们本身就是活动。"多元扬长"就是这种思维活动和实践活动。

(6)"多元扬长"是古今中外学教理论基层突破研究。从理论上说,卢梭的自然教育、杜威的"做中学"、列昂捷夫的活动理论、皮亚杰的发生认知论、陶行知的"生活教育""教学做合一"、陈鹤琴的活动化教学、叶澜的"新高中教育理论"、郭思乐的生本教育理论、朱永新的"新教育"、田慧生的活动教学理论等,持续倡导活动理论和活动教学实现,有的教育家亲身研究与实践,不断取得突破性研究成果。这些理论都是围绕学生的主动参与式的"活动""学习"来建构和生产的。"多元扬长"就是这部分先进教学理论思想在基层学校的自觉践行。

2. 基于核心素养落地的"多元扬长"教学改革切实可行

我校"多元扬长"教学改革实验,是适应新时代核心素养落地的一项有基础、有准备、有希望的综合性研究。

(1)植根于全区顶层设计,有成功的可能性和必然性。我校的"多元扬长"教学改革实验,是与全局性实验一致的。一是以罗庄区基于整体为单位推进的一项综合性教育改革,这是符合国家教育以县为主的管理体制的;二是这项实验立足罗庄区教育实情,以行政推动为主,体现以学校改革主体,所有任课教师人人参与的行动研究,既与罗庄教育全局工作密切配合,又与研训计划、全局规划衔接一致,更与学校课程改革整体工作紧密沟通,这自然为我校实验取得成功提供了政策机制保障和科学指导根基。

我校"多元扬长"这项实验改革从实验假说的提出,到实施方案的制定,再到学校实验"多元扬长"龙头课题的行动研究方案、学科导学案方案、学科课时活动单设计、以学评教课堂教学评价导引的研制,坚持顶层设计、系统规划、分步实施、整体推进,有多层次、多领域的专业团队支持,有严密的系统设计,有一批有思想、有情怀、有能力、有担当的校长和教师队伍,有志同道合的研究先行探索者的示范和全校所有教师的共同努力,为实验成功提供了全方位保障。因此,这项教学改革的实践和结果取得成功,具有一定的可能性和必然性。

我校"多元扬长"教学改革实验,是根据发展实际提出的。这项实验改革坚持从实际出发。一是采取学习先行、理论武装、分层发动、全面启动,符合实验研究规律,为实验获得成功提供了实证和学理上的支撑。二是组建了核心领导组、学科实验组,为实验取得成功提供了坚强的组织保障。三是从聚焦学生发展和素养形成,到教学质量提升、教师专业发展、学校品牌塑造,整体纳入评先树优、优质课评选、教师综合评价等考核之中,为实验成功提供了评价保障。

(2)对症下药,我校课堂教学现状的简要分析与诊断。滨河高中作为新办农村高中,校舍刚刚开始改造,生源较差,办学的各方面条件极其困难,但是教干教师积极谋划主动作为,以"立德树人、全面发展、因材施教、多元成才"为办学理念;坚持"分类培养、分层教学",扎实推进教学工作。

根据全体学生基础比较薄弱的实际,学校在教学推进工作活动中积极实施了低重心教学策略,严格落实导学案教学制度,打造高效课堂,下一步我们将立足导学案,继续扎实推进活动教学,努力探求学科素养的真正落地。

(3)多元扬长,我校的活动教学改革有一定的创新性。高中学生的核心素养是在学习活动中培养起来的。今天,我们已经站在素养教育的新时代,学生核心素养离开具体的学习场景和学习活动将是"死的知识",实践能力和创新精神的提升根本无从谈起。因此,我们的教学改革必然选择活动教学,根据学生的实际情况和特点选择"多元扬长"的活动教学改革,是提升我校教育教学品质的有效途径。

"多元扬长"龙头课题的研究推动,是基于我校新办高中办学困境的基础,提出的重大教学改革试验。我们希望通过因材施教,扬长避短,发现、培养、鼓励、引导学生在自身优势的基础上开展多种形式的学习方法指导和升学规划的引导,通过学生各显其能的特长发挥和优势彰显,实现多种渠道考入理想大学的多元化成才的办学追求。

我校"多元扬长"的活动教学改革的创新之处,还在于为学校发展、教师评价和学生成才搭建了新的平台;为学生素养发展、立德树人落地创造了活动机制;为破解教师倦怠和减负难题、教研转型、学校转型找到了突破口;为我校高中教育的内涵发展、质量提升、特色发展找到了有效途径。

3. 基于核心素养落地的"多元扬长"实验推进策略

以理想的教育为目标激励和指引我们追求教育的理想,就是我们办好优质高中教育的内在原动力。我校"多元扬长"教学实验,是在区教体局顶层设计的基础上的具体实践,是正确把握设计原点,是我们正本清源,从学生生命成长的逻辑起点上一步一个脚印的生命自觉和灵动实践。

(1)"多元扬长"教学变革的校长素养。在目前学校管理体制中,校长必须是学校第一生产力的代表,为确保学校开展活动教学改革实验取得成功,至少应考虑校长的学校管理核心素养的提升方面,如变革意识、变革意志、变革能力等。多渠道进行校长领导力、课程研究力高层次培训,形成专家治校新局面。

(2)"多元扬长"教学变革的队伍建设。学校办学特色需要核心价值引领。为了凝聚共识,打造团结向上、业务精深的教师队伍,实现教学特色、特色教师、特色学校融合一体,实现"名师出名校,名校育英才"教育理想的自然达成。

一是严格落实教学常规,确保各环节教学实效。严格落实《临沂滨河高中教学常规要求》《临沂滨河高中导学案研制使用规范》及配套评价措施,确保理念融合、模式创新、行动高效,充分发挥教师的教学个性、创造性,最大限度提高每个环节的教学效果。

二是更新管理体制,抓好教师队伍建设。抓好班主任队伍的建设,具体包括班主任例会制度、班级教导会制度、班主任培训制度、双班主任制度、班级经验交流制度。加强"生德"培养,落实活动育人,如"开学第一课""人生远足""学期开学典礼""学期学生大会""优秀班级参加护旗""学生风采展示"。评选"主题周活动之星""文明礼仪之星""百名生德标兵""感动人物"等。

三是抓好备课组队伍的建设。发挥好备课组长纽带作用,备课组是介于教研组和班级学科之间的协作体,主要作用是开展集体备课活动,发挥教师的群体智慧,实现教学科研的有效融合。谋划好教与学。制订教学计划要充分体现整体优化的原则,整体考虑三年教学进度,科学处理好各教学环节之间的关系,明确培养目标,把握各层次知识的衔接。制定教学计划还要遵循教育教学的基本规律,坚持知识、能力、情感协调发展和综合提高的原则。

四是立足课堂教学活动研究,着力提升教师素养。强化校本教研,立足课堂研究,注重多层次、多轮次培训,着力提升教师综合素质。第一,规划系列活动,引导每位教师树立研磨课堂的意识。第二,搭建教师成长平台,为青年教师专业发展铺路,确保青年教师"一年入门、三年成熟、五年优秀"。第三,指导好教师课题研究。大力开展"三个层次"的教研活动,为青年教师的课题研究助力。第四,在教师中开展"做学生喜欢的教师"活动。让学生、家长参与对教师的评价。

(3)"多元扬长"核心变革团队的变革。"多元扬长"核心变革团队的变革,重视参与变革的教师的选拔,任何一项事业都是凭真才实学的人才能干成,这项改革实验更是如此。除了搞好顶层设计,选拔好参与变革的教师是很关键的。学校确定的实验学科、实验教师,严格统一把好关。因此,大力推动有变革意愿且有变革能力的教师,加强"多元扬长"的核心变革团队变革。实验学科、实验教师的选拔,与学科教研员结合,校长要严格把关,对滥竽充数的人坚决拒之。核心变革团队的组建,重视团队建设,要求团队成员之间能够相互学习和借鉴,团队之间相互激励、支持和竞争,团队之间分担一些琐碎或繁重的工作,如导学案编写。具体标准要求:有理论、有能力、能写作,因为成果的表达都需要"笔杆子"。

我们拟成立"多元扬长"学校教学实验的领导小组、专家组、核心组与核心学科等机构。

(4)"多元扬长"导学行为方式变革。"多元扬长"要全面体现和落实新的价值取向和思维方式的教学行为方式变革要求。教学改革方面:结合我校实际,研究选课走班、平板班、小语种教学、艺体特长生培养等有利于学生成才的途径;制定符合我校实际的课程管理、考核评价、学生指导等系列实施方案;认真研究学生帮扶计划,探索教师楼道值班答疑解惑;深入研究新高考、新课程的改革精神,研究高校自主招生及"强基计划"方面的基本经验,完善保障制度,提升实施水平。教师教学行为方式的变革,需要突出活动性教学、反思性教学、合作性教学等要求。为此,还要注意建立学习型组织。真正校本培训,是问题导向的校本学习。

(5)"多元扬长"教学思维方式变革。"多元扬长"形成新的思考教学问题的角度、标准或依据——以学习为中心、教为学服务、教学方式多样化的教学思维。努力扭转当下的教学思维方式——应试思维。努力扭转考什么就教什么、教什么就学什么、书本和教学专家怎么说我就怎么教的权威唯上思维;我怎么受教,就怎样教人的经验思维;名师怎么教或大多数人怎么教我就怎么教的从众思维等。课堂教学活动推进,如继续推动学案导学和课堂教学模式的变革,实施活动融入学案导学的活动载体改进;推进教学方式的变革,实施师生合作探究;推进微型情境环式教学法等。

实践中拟采用三种具体的教学模式:①诱导模式:提问—讨论—归纳—练习;②开放式模式:质疑—探究—小结—应用;③技能模式:技能模式一般用于程序性知识的学习和教学,特别适合于理科课程的教学。这三种教学模式各有自己的特色和价值,从学生的学习过程来说,教师的教学活动实际上都是为学生提供一种促进知识学习和运用的环境和条件,帮助学生形成良好的知识结构和体系,促进学生学习策略的形成和自主性的发挥。各个环节的设计还具有防止教师过多地干预学生的学习和思维过程的作用,有利于学生思维的创造性。

拟开展导学案导学的主要过程包括:出示导学案,学生自学;自学检测,讨论交流;精讲释疑,当堂训练。

导学活动案追求体现学生的学习过程和主体地位。

第一,导学案把静态的教材进行了动态的开发使用。它把教材按照学科知识的逻辑和学生的认知规律进行了情景化、生活化、问题化设计和加工,特别注重把教材上的知识转化为一个个学生能解决的问题提前呈献给学生,让学生带着问题去使用教材,突出了学生使用教材的主体性。

第二,导学案把教学重心前移,充分在课前的时间内,引导学生对学习内容思考和理解,获得知识,发现问题,对一些学习方法进行探索。导学案的使用,使学生有准备地面对课堂,而且使课堂成为学生的需要,把教师领着学生学变成了学生盼着学,突出了学生是自我的发展的主体。

第三,学生经过课前的学习活动和充分的思考,课堂上,对于每一个新知识的探讨,不同程度水平的学生都会从自己已经思考的角度积极参与。在教师的引导下,展示学生学习中的理解、看法和收获,解决学生自学和预习中的问题成为课堂上的主要活动。导学案的使用使学生在学习中的主体地位更加突出,使学生成为课堂学习的主体。

(6)"多元扬长"教学评价变革。教学评价是教学变革的指挥棒和方向标,用评价改革引导和促进教学过程变革。教师讲授中心这个顽疾一直没有被打破,一直没有破冰,其根本原因在于我们的课堂教学评价出了问题,指挥棒出了问题:课堂教学评价只是围绕教师的教而评,不问"教师的教"能否促进"学生的学",更不管学生是否会学或学会,教师传递知识的角色的地位牢不可破,学生被动学习知识,多少有创造力的优秀学生都被扼杀在这种评价之中。"多元扬长"的教学评价,基于学生素养发展的活动教学改革要求彻底改革传统课堂评价,重建以学论教的课堂教学评价指标体系,以新的评价机制撬动教师教学方式的改革,促进教师运用活动机制激发学生的学习需要、兴趣和动力,促进学生素养发展和教学质量的整体提升。

(7)"多元扬长"教学变革的专业支持变革。教学变革是一个专业性很强的工作,主要推进三种教学变革成功的专业支持模式。一是学校自主专业指导,运用课例研究带动教师学习改进。二是专业人员介入的专业指导。主题培训,选对专家,聚焦课改。三是自上而下强力推行的策略。

4."多元扬长"教学变革的预期目标

对实验目标进行整体设计:从"多元扬长"最高目标、"多元扬长"学生素养发展目标(学校学生培养目标)、实验具体目标(构建活动教学模式或范式)设计应进行系统思考。要把构建活动教学模式或范式作为实验假说,利用学校优秀教师的先进教学经验作为实验因素。对将来构建的活动教学范式,要有教学结构和过程分析。

通过研究,在"多元扬长"的具体目标上,各个实验组构建百花齐放、独具特色的符合活动教学改革精神的课堂教学范式或模式。

5."多元扬长"教学变革阶段划分

(1)准备阶段(2020年4月—2020年5月)。组建学校领导机构和学校课题组,从文件学习、文献研究、前期调研入手,积极内化有关理论成果,整体思考研究内容,并针对学校特点和办学追求进行设计,划分研究领域,制订较为完善、切实可行的课题方案。

(2)实施阶段(2020年6月—2021年12月)。定期学习教科研理论、课题相关专著、新课程解读等。利用问卷调查,通过统计分析,形成有针对性的教育的基本策略。大胆实施,鼓励创新,我们鼓励研究教师相互观摩,及时交流。在研究过程中组织若干次专题研讨,改进方法,优化操作,做好典型教案、课件、图片、案例等的资料积累工作,进行阶段性检查和总结,认真撰写研究报告。

(3)总结阶段(2022年1月—2022年12月)。整理研究资料,反思研究过程,提炼出微课在我校英语应用的基本策略、方法、模式,并不断推广、应用,充分利用已取得的成果,总结经验和教训,形成我校独特的微课在英语教学的应用策略,撰写课题研究报告,完成课题结题并积极推广使用。

6."多元扬长"预期研究成果

(1)探索基于学生素养发展的"多元扬长"教学范式,并有大致的分析。

(2)形成"多元扬长"系列品牌:特色课堂,特色教师,特色学校,典型课例。

(3)收获"多元扬长"精神成果:教师体验、学生感悟。

(4)研究"多元扬长"文本成果:实验报告、研究报告,论文、著作等系列教学成果。

(5)"多元扬长"典型经验报道。

(6)申报参评"多元扬长"省级教学成果奖。

学生因因材施教而实现多元化成才,是我们滨河高中人的不懈追求。做正确的事比正确做事更重要。凡事最好先要寻根溯源,所有学与教的理论、归纳与实践探索的过程,最终指向以活动为机制的"学习中心"教学这个归宿,"多元扬长"就是我校的生命自觉和实践探索。

新时代,新使命,新担当。学生是学校的未来,教师是学校最宝贵的资源,教师与学生应该同步成长。时代对我们的"多元扬长"进行新的坐标定位,责任和使命把我们推到了改革的前沿,道义和勇气重新催醒我们的行动自觉,我们将用活动教学改革的实践行动,把我们的初心凝聚起来,把教育办好,把学生发展好,把质量提升起来,践行教育初心,为罗庄高中教育再创新的辉煌!

(六)临沂第四十中学"和合课堂"教学范式改革实验行动研究方案

为促进学生特色发展,培育具有和合特质的教师队伍,全面深化新课程改革,改变和合课堂教学结构,优化和合课堂教学模式,推动我校教学方式与学习方式的改变,提高和合课堂教学效率,实现对学生发展核心素养的培养,根据区教体局关于"基于核心素养区域推进活动教学整体改革实验研究"的具体要求,结合我校实际,特制定本方案。

1.课堂教学现状分析

自新课改以来,我校先后经历了"自能高效课堂""行动课堂""和合课堂"的三次改革,课堂改革一直在不断进行中,虽然在总体上课堂教学的整体格局还是没有出现很大的转型性变革,但已经出现了良好的变革势头。通过对我校课堂教学的现状分析来看,教师仍然缺乏课堂教学新理念,突出表现在:没有以学生为本,学生的主体地位没有落到实处,忽视学情;课堂仍以"灌输""问答"为主,活动组织不严密,小组合作学习、交流、探究流于形式,低效、个别环节有待提高;老师讲课时间过长且低效,只是"为活动而活动",主动实践、主动创造的有效活动少之又少,远远背离了课程目标和活动本身所希望的价值诉求;没有发展真正形成学生核心素养,没有推动核心素养的课堂生长,还没有构建起和合课堂教学范式,形成课堂的有效转化。在课堂教学中,学生的学习能力、探究能力、实践能力、批判思维能力、创新能力没有得到很好的发展,学科核心素养未得到很好的培养。

基于此,我校为改变这种现状,全面提高育人质量,落实立德树人的根本任务,实现对和合课堂教学的根本性变革。我校从课堂文化、课程重构、教学方式、合作学习、课堂流程等方面进行大胆改革,期望通过本次和合课堂活动教学实验,来探寻适合于我校发展的"基于核心素养导向下的和合课堂教学范式构建研究"的有效策略、路径与方法,形成适合我校发展的和合课堂教学范式或流程,构建形成基于人的全面发展的和合教育办学体系,为我校运用多元文化价值转化生成学生发展核心素养,使学校和合文化校本课程体系得到进一步优化和提升,把中华和合文化融入学生的核心素养体系之中,以此来推进学校教育综合改革,让社会主义核心价值观深入人心,从根本上落实立德树人,促进人的全面发展。

2. 实验改革预期目标

(1)通过和合课堂活动教学的理论与实践研究,引导全体教师关注课程、课标、教材、学情研究,优化课堂教学的适切性,逐步形成基于学生核心素养的学科活动课堂教学模式,促进和合课堂教学的真正转型,从而提高学校教育教学质量,培养具有四十中特质的和合少年。

(2)通过开展和合课堂教学改革,促进教师课堂转型,实现教师教学方式和学生学习方式的深刻变革,不断提高教师深化课程改革的能力,重建课堂文化,形成具有和合精神与和合品质的课堂、课型、课例,使学生核心素养真正在课堂中落地。

(3)通过开展和合课堂教学改革,找到基于核心素养的学校活动教学的策略、路径与方法,形成"活动·素养"教学论的新型活动教学理论体系,构建临沂第四十中学和合课堂教学范式,形成具有四十中品牌效应的学科宣言,从而达到和合型课堂品牌影响力。

(4)通过开展和合课堂教学改革,发现名师课堂教学特色,对个性鲜明的教师催生教学主张,培养教学主张较成熟的名师。

(5)通过开展和合课堂教学改革,构建基于核心素养下的和合型活动教学评价机制,以课堂评价方式的改革促进教学方式的转变,以优化教学模式促进备课方式的转变,以构建和合课堂促进学习方式的转变,逐步实现课堂教学"活"起来、学生真正"动"起来、学习效益高起来的目标。

3.活动原则

课堂教学是教育教学的重要内容,是课程实施的主阵地,是实现人才培养目标的主渠道,是保证教育教学质量的关键环节,是名师成长的必经之路,课堂教学改革应遵循"五个注重"的原则。

(1)注重以生为本的原则。以学生为中心,把课堂还给学生。学生是学习的主体,课堂是学生学习的主要场所,教师的"教"为学生的"学"服务,引导学生开展自主、合作、探究式学习。教师没有权力搞一言堂,要真正理解学习的科学过程,用讨论代替讲述,用互动改变被动,用争论取代提问,让学生在快乐中主动学习。课堂上,教师要做到因材施教,让不同层面的学生都有参加教学活动的机会,尤其要更多地创造机会让低层次的学生参加活动,做到人人过关,不让一生掉队。

(2)注重教学相长的原则。

第一,教师要认真研究课标、教材。从课标的视野下,观照教学内容。抓实教学常规,落实好备课这一前置环节,严格落实"个人先备—集体研讨—个人二次备课"。

第二,学生要落实学习的四个环节:自学、思辨、展示与反馈。做到自学到位,思辨深刻,展示充分,反馈及时。教师设计在先,导学在后;组织在先,调控在后。学生自学有效,集体展示,个性反馈,在教师的指导下主动学习。

(3)注重合作学习的原则。新改革在倡导自主、合作、探究的学习方式上,此三者既各有所侧重,又互相联系,整体地构成新课程改革中学习方式转变的基本要求。小组合作学习,即以活动的、合作的、反思的学习为特征,小组合作学习不仅是一种方式,更是一种价值取向,这也正契合了我校和合教育的理念。教师在课堂上要解放学生,解放学生的手,让学生动手练;解放学生的口,让学生动口议;解放学生的大脑,让学生动脑思考。

(4)注重问题导学的原则。问题导学是指教师遵循学生的认知规律,通过创设问题情景,引导学生发现问题、解决问题,以培养其自主学习能力和创造性解决问题的能力。这种教学方式要求学生针对一定的问题并在问题解决过程中扮演积极的角色,在开发问题解决策略的同时,获得学科基础知识与技能。

问题导学主要是以问题为主轴,发展为中心,训练为主线,学生为主体,导学为关键,以引导学生主动参与为前提,以培养学生学会学习为重点,以培养学生实践能力和创新精神为目标。做到在课堂上把激励带给每一个学生,把自由留给每一个学生,把问题送给每一个学生。

(5)注重多元评价的原则。学生是学习的主体,也是评价的主体。在课堂教学中,要采取个体评价与小组团体评价相结合的办法,学生(小组)自评、互评、师评,实现多元异步评价。同时要帮助学生树立正确的评价观,让学生学会利用评价来学习。在评价中,让学生了解自己、小组的不足,发现他人、他组的优点,学习他人的长处,学会在评价中交往,多一把尺子、正确全面地看待自己和他人,实现"和合施教,和合型评价",培养和合少年。

4. 实验研究依据

(1)国家政策、方针。《国家中长期人才发展规划纲要(2010—2020年)》指出:"加强人才培养,注重理想信念教育和职业道德建设,培育拼搏奉献、艰苦创业、诚实守信、团结协作精神,促进人的全面发展。"这就要求学校要充分运用中华优秀传统文化、沂蒙文化、革命文化、当代文化等多元文化进行融合、提炼,形成适合国家人才培养目标的独特的办学特色,并将社会主义核心价值观融入学校特色化发展和学校课堂教学改革当中,在丰富多彩的主题式活动中,激励学生主动参与、主动实践、主动思考、主动探索、主动创造,促进每一名学生整体素质全面发展,培养学生的发展核心素养,最终指向人的全面发展。

(2)马克思主义关于人的全面发展理论。

第一,人的全面发展是与人的片面发展相对而言的,全面发展的人是精神和身体、个体性和社会性得到普遍、充分而自由发展的人。

第二,朝什么方向发展,怎样发展,发展到什么程度取决于社会条件。

第三,从历史发展的进程来看,人的发展受到社会分工的制约。

第四,现代大工业生产的高度发展必将对人类提出全面发展的要求,并提供全面发展的可能性。

第五,人类的全面发展只有在共产主义社会才能得以实现。

第六,教育与生产劳动相结合是实现人的全面发展的唯一方法。

马克思主义关于人的全面发展的学说确立了科学的、人的发展观,指明了人的发展的必然规律,用和合的方式营造和合文化,为我校进行和合课堂教学改革和创办具有和合特色的优质教育提供了强有力理论依据。

(3)佐藤学"小组合作学习"理论。小组合作学习应该在什么时候产生呢?

佐藤先生在观摩了大量的课堂后明确提出,当"挑战性的问题"出现后,才可以进行小组合作学习,这样,才可以产生真正的质疑、论辩,彼此开启思维,才智得到激发,从而获得新的发展。佐藤先生详细论述了小组的构建,他认为每个小组四人是个科学的数字,如果少于四人则差异性因素较少,相反,如果多于四人,就势必产生游离于小组学习之外的"看客",即可有可无的旁听者。这番论述令我们震惊。我们关注的是班级组成多少个小组更有利于我们控制,至于小组成员,两个、三个的有,六个、八个,甚至九个、十个的也有,似乎无所谓。佐藤先生反复强调:课堂的意义就在于"尊重每一个学生的学习权"。让学生在小组合作学习中学会合作,学会交流,学会学习,从而为未来发展提供良好的基点。

(4)核心素养理念。核心素养一词始于20世纪,至今已经形成比较系统完善的内容结构、教育质量保障体系。经济合作与发展组织(OECD)早在1997年,就提出了"核心素养"的概念,并将其视为基础教育的DNA、人才培养的指针。在国外,最早提出核心素养概念的DeSeCo(素养的界定与遴选)项目认为,核心素养是指覆盖多个生活领域的,促进成功的生活和健全的社会的重要素养。

在国内,教育部颁发的《关于全面深化课程改革 落实立德树人根本任务的意见》中,首次提出了"核心素养"这一重要概念并被置于深化课程改革、落实立德树人目标的基础地位,将其研制与构建学生核心素养体系作为推进课程改革深化发展的关键环节。教育部原部长袁贵仁在其《价值学引论》一书中指出:"价值取向就是人们在一定场合以一定方式采取一定行动的价值倾向。"

5.和合课堂活动教学实验设计

(1)和合课堂教学范式建设。通过和合课堂教学范式构建与课堂转型培训,打造一批成熟的课型、课例,构建适合学校和合教育发展的和合课堂教学范式;提炼特色课堂,催生教师教学主张。

(2)重构和合课堂文化,打造特色鲜明、具有"情感、思辨、交流、感悟"特质的和合课堂。

(3)通过问题导学课堂的提出与和合课堂课例的研究,构建和合课堂教学范式。

(4)通过研究制定和合课堂认定标准,对所有课堂进行观摩考察,提出有针对性的改进意见和发展建议,在承认教学个性的前提下,让所有课堂都能契合和合文化的标准要求。

(5)通过和合课堂建设主题序列活动,以专家培训为行动纲领,以专业示范为行动引领,大范围展开和合课堂同课异构、优课比赛、特色展示、和合精品课例等研讨活动,促进和合课堂建设百花齐放。

(6)通过和合课堂教学范式构建,实现课堂教学范式转型,首先是一项自我否定的思想革命,其次才是一项自我改变的行动革命,这需要每一个教师积极参与。在提高思想认识基础上,改变已有的落后观念,确立具有时代特色、适应时代要求的新型教育观、学生观和教学观,在新型教学思想指导下,积极构建丰富多彩的和合型课堂。

6.实验研究假设

(1)总结提炼和合课堂教学流程或范式。

(2)推动教学方式和学习方式的整体转型。

(3)构建名师发展共同体培养体系。

(4)提炼形成基于核心素养导向的和合文化校本化实践研究。

(5)构建形成基于人的全面发展的和合教育办学体系。

7.名师发展共同体建设

规划、实施、推动学校教师专业发展建设工程,主要目的就是让每位教师都成为一座山峰,成为真正的名师,造就一支"师德高尚、教艺精湛、思想活跃、教有专长"的和合型教师队伍。

(1)打造教师专业发展"三个梯队"。按照学校"五维九度"教师发展指标要求,以名师发展共同体、名师成长俱乐部为依托,努力推进学校教师队伍梯队发展,加快推进具有和合文化精神的教师队伍建设。

(2)培养特色品牌教师。在学校规划、实施、推动教师专业发展过程中,通过名师发展共同体、名师成长俱乐部建设工程,培养、发现和提炼教师教学特色,对个性鲜明的教师催生教学主张,凝练和合教育特色理论,让每位教师都能自立成峰,成为有思想的教师,进而焕发每位教师的尊严感和幸福感。

(3)形成和合教育发展共同体。各学段、各部门、各班级要坚持不忘初心,以名师发展共同体、名师成长俱乐部建设为依托,聚焦立德树人根本任务,将教学管理、课堂教学、课程开发、班级管理等各环节、各要素贯穿于人(学生、教师)的全面发展和幸福生活整个过程,坚持改革创新,逐渐形成以和合精神为核心的和合教育发展共同体。

8.实验组织建设

学校组建成立以学术研究为纽带的课程研究中心、教师发展中心、艺体中心、信息创客中心,专门从事活动教学实验研究,并聘请市区级专家常年担任课题指导顾问;作为校长,本身具有较高的学术水平和科研兴校的情怀,所有这些都为课题研究顺利结题提供了充分的时间保证。在研究文献资料方面,学校拥有 4 个图书阅览室,藏书 40 万余册,大多数为教育理论、课程教学、传统文化、课堂建设、特色学校建设等方面的书籍;研究人员自身藏书约 5 万余册。这些为课题研究提供了广泛的文献准备。在设施配备方面,学校有最先进的信息多媒体设备,建有多个先进学术资料检索网站,所有一切都为完成本课题提供了足够充分的科研条件,确保课题顺利结题。

课题组将通过实验研究,探索出一条适合我校和合课堂的教学模式并逐步提炼出与我校和合教育特色建设相适应的研究成果,力争在全区乃至全市推广。

9. 研究过程及主要成果形式

(1)研究过程。

第一阶段:准备阶段(2020 年 3 月—2020 年 6 月)。

第一,组织"和合课堂教学改革"启动仪式,下发活动方案,宣传发动,学习相关实验理论,统一思想,召开课题组成员会议,明确任务分工。

第二,组织人员进行课堂教学现状调查,发现问题、梳理问题,确定和合课堂教学改革研究方向和重点。

第三,制定学校和合课堂活动教学改革实验行动研究方案,并经专家组修改完善研究方案后成立课题组,根据研究方案组织成员进行相关理论学习和多层次的培训。

第二阶段:实施阶段(2020 年 7 月—2021 年 11 月)。

第一,根据学段学科统筹安排课堂教学改革活动内容,落实课题组成员的各自研究任务,通过理论学习、教学实践,积累经验,讨论完善理论框架,为活动教学实验的全面实施做好铺垫。

第二,学校联合各学部、各教研组召开课堂教学改革研讨交流会,邀请区内外有一定影响力的名师或专家来校上示范课,并指导教师课堂教学工作。

第三,深入推进集体备课、深度磨课、实验教师展示研讨课等活动,让教师在活动中成长,让课堂在反思中改变。

第四,各学部、各教研组遴选的教师上示范课,课题组及时了解课堂教学改革实施过程中的困难,反馈存在的问题。

第五,定期召开说课议课、研讨交流活动,进行思想碰撞,及时调整和优化试验过程,和融共生。

第六,每学期根据《临沂第四十中学和合课堂教学节实施方案》组织和合精品课例、特色课堂、特色教师的评选活动。及时积累实施活动教学改革的相关实验素材和实验数据,总结初期经验、成果,召开实验阶段调度会,通过和合课堂教学展示、研讨等活动总结课改经验,梳理课堂教学改革阶段研究成果。

第三阶段:总结提升与推广阶段(2021年12月—2022年6月)。

汇集实验研究材料,分门别类整理分析研究成果,确立形成基于学生发展核心素养的和合课堂教学范式或流程,撰写总结性的研究报告。学校申请召开活动教学实验成果现场会,总结推广课题实验研究成果。

(2)预期成果形式。主要包括:①形成课题研究报告;②形成《基于核心素养导向的和合课堂教学范式》;③形成《指向学生发展核心素养的和合文化价值认同感提升的校本课程建设》《构建基于同伴关系的教师成长共同体机制》《沂蒙精神内核的哲学诠释》等论文;④形成《和合文化融入学校特色化研究》《迈向人类崇高理想之路》等专著;⑤形成核心素养导向的和合课堂活动教学优秀案例集萃;⑥和合课堂活动教学经验成果的总结、应用与推广;⑦培养一批特色名师、特长学生,打造一批特色课堂。

10.保障机制

(1)组织保障。加强领导,强化组织保障。学校成立临沂第四十中学和合课堂活动教学改革实验领导小组,认真做好规划协调,各部门要高度重视,密切配合,全面落实活动的顺利高效开展,高质量地完成分担的任务。

(2)经费保障。学校在和合课堂活动教学改革过程中,适当加大经费投入力度,提供活动教学所需要的人、财和物力,为和合课堂教学改革的顺利实施保驾护航。

(3)激励奖励。学校对评选出的"十佳和合精品课例"奖励:①按一定的比例分数计入教研组成绩;②进行隆重表彰,并优先推荐教师参加区级"课改之星"评选和参加区、市、省级赛课、公开课等活动;③可以根据个人意愿进入临沂第四十中学名师发展共同体第一梯队;④学校提供外出授课、参观学习、培训等机会;⑤优先参评教学成果奖,并在政策允许范围内,给予物质奖励;⑥单列进入职称竞聘积分(教代会通过后执行)。

四、"素养·活动"教改学科行动研究

学校是落实立德树人根本任务和核心素养的主阵地,学生发展核心素养的

形成与发展主要依靠学科才能实现。"素养·活动"教改实验要立足学科,加强学科行动研究。

(一)基于学生素养发展的学科"素养·活动"教学实验指导纲要

1.指导思想

深入贯彻《中国学生发展核心素养》,遵循活动教学的基本理念,立足促进全区中小学整体优质均衡发展这一基本诉求,坚持贯彻以素养发展为根本、以"素养·活动"教学为核心、以实践性研究为措施的工作思路,全面推动全区中小学基于学生素养发展的学科"素养·活动"教学实践与探索,特制定罗庄区基于学生素养发展的学科"素养·活动"教学改革实施指导纲要。

2.主要目标

(1)全区中小学各学科通过课题实验研究,确定实施学生发展核心素养活动教学的基本思路和措施,形成基于学生发展素养的学科课堂教学模式和课堂框架,打造区域课改典型。

(2)通过课题实验研究,进一步转变中小学教师学科教学理念,树立基于学生素养发展的课堂教学意识,提高基于学生发展素养的课堂设计与实施能力,培育一大批理念新、能力强、素质过硬的学科特色骨干名师群体。

(3)借助活动教学实验研究,增强中小学生学习的自主性、实效性,形成各学科课堂学习活动样式,扎实推进学生素养全面发展。

3.主要内容

(1)广泛开展好基于学生发展素养的教学前期调查研究。

第一,调研得"失":开展全区各中小学基于学生发展素养课堂实施情况的跟踪调查,充分把握我区各中小学基于学生发展素养的课堂研究情况以及学生课堂学习主体化现状,认真分析教师教学内容的定位以及学生课堂学习参与情况的问题,为对接有效开展学生发展素养研究及"素养·活动"教学提供实践依据。

第二,调研得力:通过调研总结我区各中小学自能高效课堂前期学科研究中的经验和成功典型,科学分析梳理其有效做法,形成可供推广的基本思路、模式和做法,推而广之,为形成新思想支撑下的"素养·活动"教学提供支持参考。

(2)开展基于学生发展素养形成和发展的学理策略研究。各学科要通过专题培训、集体备课、课例研讨等专题活动促进学生发展素养与教材内容的对接,引领学科教师不断加大学生发展核心素养以及学科核心素养的学习研究力度,推进学科大概念、学科结构、学科思想与方法及学科情境四大要素与学生发展素养的关系研究,努力打通"学生发展核心素养—学科核心素养—课程标准—学期课程纲要—大单元设计—课堂教学"之间的联系,梳理完善学段学科课堂教学中具体落实学生发展核心素养的基本思路和操作策略,初步形成较为科学系统的基于学段、学科的学生发展核心素养形成和发展的训练逻辑体系。

(3)推进基于学生素养发展的活动教学课堂结构范式研究。各学科要积极围绕学科特点,充分发挥学科研究核心组及试点学校的攻关作用,整合深度学习、项目式学习、单元主题教学、研究性学习、模块教学、语文学习任务群教学等实践作法,探索各学段学科体现主体性、自主性、实践性、创造性、情境性、综合性的"素养·活动"教学特质,推进"活动体验型""活动交往型""活动探究型"教学模式研究创新,打造具有本学科特色的"素养·活动"教学的"1263"教学基本范式、操作流程。

(4)基于学生素养发展的活动教学课堂评价策略研究。对应"素养·活动"课堂基本要求,建立基于学生素养发展的学科"素养·活动"教学实验评价导引,实现素养落实和活动教学双指标达成。课堂教学能够紧扣学生发展核心素养,体现活动教学的基本规律和要求。

(5)基于学生素养发展的活动教学研究保障措施。区教学研究中心及各学科要加强对教学研究的指导力度,建立健全专家指导组,充分发挥学科指导组作用,定期深入学科、学校,跟进各实验学校、实验教师研究进度。区教学研究中心将定期组织开展课改能手、课改之星以及特色课堂、特色教师评选活动,积极发现课改典型,适时组织专题研讨会、成果推介会等形式进行宣传推广。《罗庄教研》等开辟专题栏目交流展示区域内学校、教师的研究成果。

(二)小学语文学科"素养·活动"教学实验方案

1. 课题研究的背景

2016年9月,中国学生发展核心素养正式提出,明确了中国学生未来发展方向及基本要求,为实现中华民族伟大复兴的中国梦提供了强有力的人才资源标准。学生发展核心素养,主要是以"培养全面发展的人"为核心,三方面、六大素养和十八个基本要点全面系统梳理了学生应具备的、能够适应终身发展和社会发展需要的必备品格和关键能力。语文学科核心素养是核心素养在特定学科(或学习领域)的具体化。高中新课标的出台,鲜明地提出了语文学科核心素养包括"语言建构与运用""思维发展与提升""审美鉴赏与创造"以及"文化传承与理解"四大领域内容。学科核心素养是学生发展核心素养在学科教学中的具体化和落脚点,体现了学生发展核心素养基本内涵在具体学科教学中的渗透和达成。

对于学生素养发展的学科教学,我区自 2008 年提出自能高效课堂建设,致力于转变学生学习方式,提升学科教学质量。研究 10 多年来,在转变教师教学观念、转变教师教学行为、提升区域教育教学质量等方面起到了一定的促进作用。小学语文单元整体主题学习实验研究以及自主探究五环节教学改革在区域内都产生了积极而深远的影响。但是,现今全区的中小学课堂教学,学科教育教学还存在着许多问题。教学中的旧"三中心"的状态仍然保持没变:一是坚持以课堂为中心,局限于教室学科教学,不能与鲜活的社会实践活动、现实生活有机结合,学生缺乏获得直接经验的机会,学科德育形同虚设;二是坚持以教师为中心,教学仍然以灌输式、讲授式为主,学生缺乏自主、合作、探究的活动方式,师生之间的多边关系没有建立起来,停留于"我讲——你听,我说——你做,我评——你服"的被动局面;三是坚持以教材为中心,大多数教师认为教学就是教教材、讲课文,对于学科教学功能及认识停留在浅层次,缺乏课程意识和素养观念,不能树立"教材是个例子"的理念,教学使用的课程资源匮乏,不能结合活动方式进行教学,课后纸笔作业繁重,教学效益低下,学生负担和教师负担严重,导致教学质量不能有一个大的超越。

针对着教师学科课堂教学认识不到位、课堂教学训练浅表化、低效能以及学生课堂学习方式被动的现状,尝试在小学语文学科中组织开展基于学生素养发展的"素养·活动"教学实验,以促进学生发展核心素养、学科核心素养在学科教学中得到有效发展为教学根本目标,以实施基于学生素养形成和发展的"素养·活动"课堂教学为主要内容,以体现学生主体地位、着眼素养形成发展的学科活动教学为基本的学习形式,以基于学生素养发展需要的学科课程建设和评价策略为有效补充,全面转变教师教育教学观念,提升课堂教学实施水平,促进区域学生学科素养全面发展。

2.研究的创新点

(1)研究外部环境现状。国家育人指导思想、高中新课标的出台,加大了对人才素养培养的需求。项目化、主题式、深度学习、学习共同体建设等课堂教学研究逐步深入,学生学什么、如何更好地学习成为当前课堂教学改革的热点和前沿。如何科学、正确把握当前教学研究方向,全面提升区域研究品质,需要我们以先进的教育理念为引领、突破性的做法为载体,来进一步更新教育理念、提升课改意识、增强教育研究实效性。

（2）区域研究现实需要。经过一段时间的研究，我区小学语文教学改革已经有了初步的探索，并取得了一定的成效。主题学习实验的深入研究，为全区一线语文教师学科教学观念转变、新型语文课程观形成以及主题整合开放式课堂教学形态的构建起到了积极的推动作用。在课堂教学行为方面，深入推进学科核心素养、尤其是以指向课程标准的教学为重点的教学评一体化已经有所体现，课堂目标意识日渐形成。生本课堂的研究让小组合作探究学习以及学习共同体建设研究有了新的发展。但是在学科素养向上关联学生发展核心素养、向下紧密联系课程标准，尤其是在课堂教学中有效深度落实研究力度上还不够到位，课堂上学生真正有效的主题深入化学习实效性仍然不强。全区小学语文整体课堂学生参与情况并不乐观，教师课堂教学讲授式的教学形态还没有得到根本性转变，学生的学科素养自然得不到很好地形成和发展。

（3）课题实验研究创新突破之处在于以下两点。

第一，认真梳理总结全区小学语文前期主题学习实验研究成果，进一步深入推进基于学科核心素养的"素养·活动"的学理研究，探寻语文教学的本真要义，打通"学生发展核心素养—学科核心素养—学科课程标准—学科课堂教学—学生素养发展"之间的联系通道，真正意义上弄通语文学科知识与语文核心素养之间的关系，逐步促进全区小学语文教师从过去教语文知识到现在在情境化的体验活动中涵养学生语文素养的思想认识转变，建构起"五位一体"的学生发展核心素养与学科衔接通道，真正让学生课堂学习及教师课堂教学指向学生发展核心素养的落地，让每一节语文课的学习内容都有品质，每一节课的学习都能着眼学生素养发展。

第二，立足学生主体地位落实，遵循语文学科教学规律，借鉴项目化学习、主题学习、深度学习等成果，有效推进学科核心素养的"素养·活动"教学研究，在小学语文学科中尝试推进教师主备学习活动单实验研究，从传统备课上课转变到研制学生语文课堂学习活动单，精心创设素养训练活动情境，科学研制初步体验活动、深入体验活动、实践提升活动和拓展延伸活动四大活动群，重点关注学生学习活动过程中语文素养的实践与体验，以语文的学习参与学习活动，在活动中学语文、悟语文、用语文，建构起体现学生主体性、自主性、实践性、情境性、综合性的活动教学课堂范式，真正让学生成为学习的主人，让学生站在课堂的正中央，在教学活动情境中自主实践、探索发现，实现真正意义的成长。

3.研究目标

(1)通过课题实验研究,促进区域语文教学研究转型升级,形成小学语文学科"素养·活动"教学学理分析的基本思路和措施,构建基于学生发展素养的小学语文"素养·活动"课堂教学模式和课堂框架,打造区域语文课改典型。

(2)进一步转变小学语文教师学科教学理念,树立基于学生发展素养设计学习活动的意识,改革教师备课形式,提高语文教师基于学生发展素养设计实施课堂的能力,培育学科特色骨干名师群体。

(3)借助"素养·活动"教学实验研究,增强学生学习的自主性、实效性,形成语文学科课堂"初步体验活动、深入体验活动、实践提升活动和拓展延伸活动"四大活动群组成的学习活动样式,真正落实语文学科活动体验学习,扎实推进学生素养全面发展。

4.研究内容

(1)调查中定位:基于学生发展素养的课堂教学现状调研,重点落实教师课堂认识、课堂行为以及学生学习状况等。

(2)研究中发展:学生素养形成和发展学理分析与研究,尝试梳理完善学生发展核心素养、学科核心素养、课程标准在具体学段学科教学内容中的具体落实的基本思路和操作策略,初步形成基于学段、学科的素养落实体系。

(3)活动中成长:基于学生素养发展的活动教学课堂构建研究,探索语文学科体现主体性、自主性、实践性、创造性、情境性、综合性的"素养·活动"教学特质,形成学科"素养·活动"教学的基本范式、操作流程。

(4)评价中提升:基于学生素养发展的活动教学课堂评价策略研究,探索完善基于学生发展核心素养、学科核心素养、课程标准为内容观,体现主体性、自主性、实践性、情境性、综合性、创新性为特质的活动教学观为核心的学科"素养·活动"教学评价策略。

5.研究思路

(1)加强新理念的学习研究,不断提升课题实验的理论支撑,促进实验研究科学化、规范化。

第一,关于学生发展核心素养、学科核心素养以及课程标准等进行学习研究,为下一步研究课堂教学中结合学科教学、落实学生发展核心素养提供依据。

第二,进一步加大对于活动教学的理论学习和研究。充分了解活动教学的根本指导思想和行动纲领、意见要求,深刻认识活动教学的本质要求,深入把握学科教学中实施活动教学的基本规范和操作办法,为深入推进学科"素养·活动"教学提供参考。

(2)成立研究团队,引领示范先行。根据研究需要,在全区中遴选教育理念先进、教学能力突出、教学成果显著的教研员、骨干教师,成立12人的学科核心研究团队,当好课题实验研究先锋和示范,引领、指导各学科区域实验研究,提升区域研究质量。

(3)扎实组织开展各学段、学科的"素养·活动"教学实践研究。根据实验研究方案,有计划、有步骤地推进"素养·活动"教学实验研究工作。科学制定阶段实验推进策略,不断调整优化实验研究内容,加大实验过程跟踪指导管理,确保实验研究整体平稳实施。

(4)认真组织开展实验研究先进经验交流和典型推广宣传工作,提炼成果,推介优秀做法。

6. 研究过程

本课题研究计划用三年时间,分三个阶段完成。

第一阶段:准备阶段(2020年3月—2020年5月)。

(1)教学调查:设计调查问卷,发现问题、梳理问题,确定研究方向和重点。

(2)确定课题,建立课题研究组织,收集课题研究相关的资料,学习与课题相关的理论。

(3)设计研究方案,建立课题研究基地,成立子课题组,对课题组成员进行分层培训,制订详细的研究计划。

(4)聘请专家组成专家指导组,进行理论指导。

(5)举行课题启动会,邀请专家现场指导、论证,撰写课题报告,修改完善课题方案。

第二阶段:实施阶段(2020年6月—2021年11月)。

(1)落实课题组成员研究任务,通过学习理论、进行教学实践,积累经验,讨论完善理论框架,为课题的全面实施做好铺垫。

(2)请专家对参与研究的教师进行辅导。

(3)根据研究方案,启动课题研究。对搜集中小学教师经验筛选,指导教师制订典型经验实施计划,边实施边提炼形成"纯粹经验"。在各科教学中具体实施,同时开展好各子课题的研究。

(4)根据研究方案,及时收集研究信息,注意调控,不断完善操作过程。

(5)定期召开研讨会,总结交流经验。完成各子课题的实验,写好研究报告。

(6)继续深入研究,完善理论框架,边创建边应用,由点到面并逐步推广。积累研究材料,形成阶段性研究报告、进行课题中期评估。

第三阶段:总结提升阶段(2021年12月—2022年5月)。

(1)汇集材料,整理分析研究结果,撰写总结性研究报告。

(2)申请结题,举办改革研究成果展示活动。

(3)召开课题验收鉴定会,提交研究成果,申请课题鉴定,总结推广课题研究成果。

7.预期研究成果

(1)区域基于小学语文"素养·活动"课堂基本模式框架体系。

(2)区域基于小学语文"素养·活动"教学实验案例成果集或学科专集。

(3)区域基于小学语文"素养·活动"教学实验研究报告。

8.研究保障

(1)建立领导小组。

组　长:孙玉亮　杨艳艳

副组长:崔晓静　周　慧

成　员:孙文杰　李　晨　王志宏　崔淑娴　商晓娟　孟祥萍

　　　　李亚琪　郑淑伟　傅翌轩　王宝传　王　楠　朱慧中

(2)完善相关制度。完善基于学生发展素养的"素养·活动"教学研究项目实验的保障机制,积极鼓励教师发挥聪明才智投身实验研究。完善相关支撑性活动制度,确保教学常规与实验研究的有效对接。

(3)做好保障服务。

第一,学科指导性服务。区实验研究专家指导小组及核心组成员要积极发挥组织、引领、服务、指导功能,对各小学落实区实验方案的情况进行跟踪指导,尤其是对典型学校、教师加大跟踪指导力度,促进研究工作健康良性发展。

第二,学习服务。根据需要,积极组织实验项目骨干教师参与外出交流学习、专题研讨培训等,尽快提升教师研究能力;积极为教师专题研究提供阅读资源保障。

(4)评价激励措施。针对实验项目,出台教师、学生参与"素养·活动"教学实验的相关评价制度,提升教师参与实验的积极性。区教学研究中心将积极发现课改典型,适时组织专题研讨会、成果推介会等形式进行宣传推广。《罗庄教研》等开辟专题栏目交流展示区域内学校、教师研究成果。

(三)基于学生思维品质培养的初中英语活动教学策略研究实验指导纲要

1.指导思想

深入贯彻《中国学生发展核心素养》,遵循活动教学的基本理念,立足促进全区中小学整体优质均衡发展这一基本诉求,坚持贯彻以素养发展为根本、以"素养·活动"教学为核心、以实践性研究为措施的工作思路,全面推动全区初中基于学生素养发展的学科"素养·活动"教学实践与探索,特制定罗庄区基于学生素养发展的学科"素养·活动"教学改革实施指导纲要。

2.主要目标

(1)通过课题实验研究,确定围绕"英语学习活动观"实施学生发展核心素养活动教学的基本思路和措施,形成基于学生发展素养的学科课堂教学模式和课堂框架,打造区域课改典型。

(2)通过课题实验研究,进一步转变全区初中英语教师学科教学理念,围绕"主题意义"的探究,深入解读文本,科学合理地确定教学目标,树立基于学生素养发展的课堂教学意识,提高基于学生发展素养的课堂设计与实施能力,培养名师骨干团队。

(3)借助活动教学实验研究,提高对学习活动单的设计能力,引导学生自主探究,合作交流,扎实推进学生素养全面发展。

3.主要内容

(1)广泛开展好基于学生发展素养的教学前期调查研究。

第一,调研得"失"。开展全区初中英语基于学生发展素养课堂实施情况的跟踪调查,充分把握基于学生发展素养的课堂研究情况以及学生课堂学习主体化现状,认真分析教师教学内容的定位以及学生课堂学习参与情况的问题,为对接有效开展学生发展素养研究及"素养·活动"教学提供实践依据。

第二,调研得力。通过调研总结我区自能高效课堂前期学科研究中的经验和成功典型,科学分析梳理其有效做法,形成可供推广的基本思路、模式和做法,推而广之,为形成新思想支撑下的"素养·活动"教学提供支持参考。

(2)开展基于学生发展素养形成和发展的学理策略研究。通过专题培训、集体备课、课例研讨等专题活动,促进学生发展素养与教材内容的对接,引领学科教师不断加大学生发展核心素养以及学科核心素养的学习研究力度,推进学科大概念、学科结构、学科思想与方法及学科情境四大要素与学生发展素养的关系研究,努力打通"学生发展核心素养—学科核心素养—课程标准—学期课程纲要—大单元设计—课堂教学"之间的联系,梳理完善学段、学科课堂教学中具体落实学生发展核心素养的基本思路和操作策略,初步形成较为科学系统的基于学段、学科的学生发展核心素养形成和发展的训练逻辑体系。

(3)推进基于学生素养发展的活动教学课堂结构范式研究。积极围绕学科特点,充分发挥学科研究核心组及试点学校的攻关作用,整合深度学习、项目式学习、单元主题教学、研究性学习等实践作法,探索初中英语学科体现主体性、自主性、实践性、创造性、情境性、综合性的"素养·活动"教学特质,推进"活动体验型""活动交往型""活动探究型"教学模式研究创新,打造具有本学科特色的"素养·活动"教学的"1263"教学基本范式、操作流程。

(4)基于学生素养发展的活动教学课堂评价策略研究。对应"素养·活动"课堂基本要求,建立基于学生素养发展的学科"素养·活动"教学实验评价导引,实现素养落实和活动教学双指标达成。课堂教学能够紧扣学生发展核心素养,体现活动教学的基本规律和要求。

(5)基于学生素养发展的活动教学研究保障措施。区教学研究中心及各学科要加强对教学研究的指导力度,建立健全专家指导组,充分发挥学科指导组作用,定期深入学科、学校,跟进各实验学校、实验教师研究进度。区教学研究中心将定期组织开展课改能手、课改之星以及特色课堂、特色教师评选活动,积极发现课改典型,适时组织专题研讨会、成果推介会等形式进行宣传推广。《罗庄教研》等开辟专题栏目交流展示区域内学校、教师研究成果。

(四)基于核心素养的高中地理课堂教学策略研究

1.课题的提出

2014 年 3 月,"核心素养"首次出现在教育部《关于全面深化课程改革 落实立德树人根本任务的意见》中,并被置于深化课程改革、落实立德树人根本任务的首要位置,成为研制学业质量标准、修订课程方案和课程标准的重要依据,核心素养开始进入人们的视野。2016 年年底,基于学科核心素养的高中新课程标准修订稿在全国征求意见,核心素养开始进入课程,走进中小学。中国基础教育已迈入核心素养的新时代。

地理课程旨在使学生具备人地协调观、综合思维、区域认知、地理实践力等地理学科核心素养,为了对接高考,为培养学生的地理学科核心素养,满足不同学生自身发展的需要,满足学生现在和未来的学习、工作、生活的需求,根据学生地理学科核心素养形成过程的特点,科学地设计地理教学过程,将地理核心素养落实在课堂教学中正是我们研究的原因。

2. 文献综述

(1)杜威的"做中学"理论。课改的实质是从仅仅学习"书本知识",转变为发展"能力与经验"、关注学生如何在不可预测的真实情境中解决复杂问题等,亦即强调一种"真实性学习"。核心素养的落地需要在课堂上不断地"做中学"。

(2)布卢姆教育目标分类理论。美国教育家布鲁姆曾说,有效的教学始于准确地知道需要达到的目标。他所说的这个目标既是教学的目标,有利于教师确立正确的标准意识、目标意识和质量意识,从而让教师从容地按学科核心素养形成的过程和学生学习的规律、循序渐进地进行教学。

(3)陶行知的"教学做合一"理论。"教学做合一"的含义是教的方法根据学的方法,学的方法要根据做的方法,"事怎样做便怎样学,怎样学便怎样教。教而不做,不能算是教;学而不做,不能算是学。教与学都以"做"为中心,由此他特别强调要亲自在"做"的活动中获得知识。

3. 本课题研究内容和研究目标

(1)本课题研究内容。

第一,地理学科教学的定位研究。在研究中,一是通过查阅核心素养研究文献、地理课程标准、专家的建议和意见等,系统地解读核心素养视野下地理学科的学生素质标准,确定指向核心素养的地理课堂教学定位。二是通过邀请不同层面的人员进行必要的座谈、交流,对学生发展现状、距离预期目标的差距等进行调查分析,系统论证处在当下的教育机制下,地理课堂可能的标准、定位以及目标落地的空间,据此进行课堂教学的设计变革。

第二,地理教学的专业化方案设计研究。在研究中,将根据地理教学的定位和标准变革现有的教学设计,主要研究内容包括:一是基于课程标准的教学设计,计划采取单元案和课时案"双案"并行的方式确定课堂教学的内容、形式、方法,构建吻合不同学习能力的具体学习策略。二是基于学生自主学习的优化,将在系统把握学生学情的基础上,计划通过备课改革、理论研究和自我反思等方式,构建有助提升思维质量的问题化操作流程。三是针对教学效果的评价设计。根据布鲁姆的知识分类标准和表现性评价等成果,探索诊断学习效果的评价方式设计。

第三,基于核心素养的课堂教学实施策略研究。研究中将针对现行的"预习交流—互动探究—展示点评—当堂达标—质疑反思"这一新授课教学环节，对每个环节中的具体操作进行变革。一是预习交流环节的研究，将原来实施的任务驱动变成问题引领，计划对问题的设计、操作流程等进行研究。二是互动探究环节的研究。重点研究基于素养的问题设置方式、问题呈现形式、合作的价值定位、互动交流的形式以及结果呈现方式等，实现有德性的深度学习。三是展示点评环节的研究。重点研究展示主体、展示平台搭建、展示方式以及展示结果的评价标准、评价方式，达到强化成就、能力转化和发现不足的目的。四是当堂达标环节的研究。重点研究达标的标准、内容设置、达标形式以及达标结果诊断、判定和后续跟进的基本操作，以切实把握学生的学习效果。五是质疑反思环节的研究，研究学生可能存在的困惑，关注学习的个体差异，培养学生的问题意识。六是评价方式研究，围绕地理教学的定位对评价的维度、标准等进行研究，构建有针对性的评价体系，同时对教学评价的时机、方式以及评价结果的使用等进行研究，作为后续跟进和优化教学的依据。

第四，课堂教学的跟进机制研究。针对教学评价的结果和地理学科教学的定位，针对不同学习效果进行有效的课后跟进，主要是研究基于教学评价的作业布置方式、训练补偿跟进策略，并对跟进结果的诊断方式进行研究，据此进行后续的持续跟进和制定后续课堂教学的依据，实现学生的达标学习。

（2）本课题主要研究目标。

第一，通过研究，探索出地理学科核心素养解读策略。能够解读出高中地理课程标准，阅读相关"核心素养论文"，科学地定位地理学科的核心素养，更新教学理念指导教学。

第二，通过研究构建基于地理核心素养的课堂教学实施策略。进一步把观念转化为可操作的情境化策略、深度化策略、自主化策略、意义化策略等教学策略。通过研究提升教师的专业素养，提升课堂教学的实效性。

第三，通过研究构建全面提升学生综合素养的跟进机制。从学生成长的需求出发，实施有效跟进，提升学生的地理核心素养，满足学生现在和未来学习、工作、生活的需求，实现教学实践与高考的对接。

（3）创新之处。

第一，从育人目标出发系统推进教学改革，能够提高课堂教学改革的科学性和有效性。

第二，着眼于学生综合素质提升的课堂教学改革经验有助于推广和借鉴。

4.可行性分析

(1)背景保证:本课题是基于核心素养下的课堂教学研究,紧跟课标,对应高考,其实用性很强。

(2)研究团队保证:课题组成员全是一线教师,有实践、有思考,他们在实践中研究,在研究中实践,能增强研究的实效。学校保证,在学校的支持下,我们积极进行课堂改革实践;学校支持教师走出去,学习并加以整改。

(3)指导保证:课题组专家对本课题进行了分析指导,认为本课题研究很有意义、很有必要。

5.研究依据

(1)核心概念的界定。①核心素养:是知识、能力和态度等的综合表现,是学生适应个人终身发展和社会发展需要的必备品格和关键能力;②地理学科核心素养:是最能体现地理学科价值的关键素养,主要包括区域认知、综合思维、人地协调观、地理实践力四个方面,它们是相互联系的有机整体;③课堂教学策略:即教师在特定课堂教学情境中为完成教学目标和适应学生认知需要而制订的教学程序计划和采取的教学实施措施。

(2)国内外相关研究学术史梳理及综述。核心素养研究始于20世纪90年代,至今已经形成比较系统完善的内容结构、课程体系、质量保障体系,成为推动西方发达国家课程教学改革的支柱性理念。2014年3月印发的教育部《关于全面深化课程改革 落实立德树人根本任务的意见》提出"各学段学生发展核心素养体系""研究制定中小学各学科学业质量标准"的新任务。2016年9月北师大研究小组公布了3类6项18条的《学生发展核心素养标准》,据此各学科完成了课程标准的修订,成为新一轮课程改革的重要依据,各地教育部门与中小学学校也纷纷开展基于核心素养的课程实践研究。目前的研究主要集中在定义、阐述、分析阶段,以核心素养统领教学的综合性改革成果尚未见到。因此,系统地审视思考核心素养视野下的地理课堂价值定位、操作策略以及评价体系构建等系统性、科学性的教学改革,成为当下教育改革必须着力解决的突出问题。

(3)本课题对已有研究的学术和应用价值。在学术层面,通过研究探索适合于核心素养的教学理论以及实现这些价值的教学策略,能补充当下教学论在核心素养方面的研究不足;在应用层面能够从学生成长出发探索有效提升学生综合素质的途径和策略,促进学生的健康成长。同时,所形成的实践经验也将为本学科和相关学科的教学改革提供一定的借鉴经验。

6. 研究过程

(1)论证阶段(2020年1月—2020年5月)。收集整理与课题研究有关的资料和理论支撑。撰写课题研究方案并论证课题方案,组建课题组,制订计划,组织课题组成员进行相关学习,构建研究体系。

(2)实施阶段(2020年6月—2021年11月)。进行初期研究和实验,设定实验班或实验个体,在实验年级首先进行试点。操作变量、跟踪观察、调查、收集阶段实验报告,撰写相关论文。

(3)优化阶段(2021年12月—2022年5月)。实验班级与非实验班级进行对比研究,做好个案分析,进行阶段论证,撰写阶段实验报告和中期评估。

(4)结题阶段(2022年6月—2022年7月)。在实践基础上,不断总结、反思、完善,完成课题结题报告并作鉴定,撰写课题论文、整理各类资料,请有关专家鉴定。

7. 研究方法

(1)文献研究法。对国内外相关文献进行收集、整理及分析,围绕"核心素养""基于核心素养的地理课堂教学"等关键主题,查阅近期的图书资料、期刊文献、学位论文等资源、搜集相关信息,并对这些资料进行数量和主题上的梳理、总结,把握相关主题研究的发展方向。

(2)调查研究法。运用问卷、访谈、检测等方式,有目的、有计划、系统地调查收集有关问题和现状资料,从而获得关于课题研究的第一手资料,形成关于课题研究进展的科学认识。

(3)行动研究法。通过不断的课堂实践,不断进行修改、调整和完善,形成严谨、科学、操作性强的课堂教学基本范式建构。

(4)经验总结法。针对课题研究问题,进行调查、分析、抽象、概括,总结经验教训,加以运用推广。

(5)案例分析法。通过对课题组成员教师的课堂教学方式进行案例分析研究,从中发现问题、调整教学策略。

8. 预期成果

(1)地理课堂教学的定位研究,成果形式为研究论文。

(2)地理教学案设计研究,成果形式为研究论文。

(3)撰写"基于核心素养的校本课程开发与实施研究"中期研究报告。

(4)撰写"基于核心素养的校本课程开发与实施研究"结题报告。

第四章 "素养·活动"教育推进路径

科学、明晰的推进路径是"素养·活动"教学改革取得成效的保障,其中课程建设、学科基地、教改任务书是推进路径的重要内容,也是教改实验的有力抓手。

一、指向核心素养发展的课程转型及其规划纲要

伴随着核心素养时代的到来,如何让知识的习得、活动的开展等与学生核心素养培育关联密切的探究性活动、研究性及拓展性学习,在人的全面发展目标引领下与课程亲密对接,这就要求我们深入贯彻《教育部关于全面深化课程改革落实立德树人根本任务的意见》,将学生核心素养的培育落地,通过基于学生发展核心素养的学校课程活动化构建活动,以大观念、大主题、大过程、大概念、大项目设计课程,促进课程转型升级以及系统化教育教学实践行为,促进更好地实施"素养·活动"教改实验,促进区域和学校教育高质量发展。

(一)指导思想

学校课程活动化的构建坚持以马克思主义思想为指导,遵循活动教学的基本理念,按照以培育学生核心素养为根本,以"素养·活动"教学为核心,以实践性研究为措施的工作思路,以"素养·活动"教学实验指导纲要为依据,在国家课程改革宗旨、课程育人目标及课程实施方案的基本精神指引下,从学校的课程发展实际、尤其是学校自身特有的课程哲学(或课程理念)出发,在持续的课程变革实践与创新中,逐渐形成一种既体现国家课程的共性,又带有办学特色、活动化气质的学校课程体系。在构建的过程中,要遵循学生核心素养形成的规律,遵循课程开发的流程,依据活动教学的基本原则。

(二)目标任务

(1)探寻"素养·活动"教学落地的课程转化路径,提出学校课程活动化的基本策略,构建指向学生核心素养的活动化课程体系,使学校课程更符合学生的发展需求。

(2)根据学校办学理念、学生需要、课程资源等,对国家课程进行校本化改造,使其更具活动化特征,更能促进学生核心素养的形成。

(3)对学校现有的校本课程、综合实践活动课程等进行再梳理、再提升,使其充分发挥活动课程的素养培育功能。

(三)基本原则

1. 主体性

学校课程活动化构建的过程很大程度上是对国家课程校本化的过程,必须根据学校办学理念、学生需求、学校资源等进行设计。在这一过程中,教师和学生应成为课程建设的主体,要正确认识教师和学生的主体地位,使教师和学生的主动性、积极性和创造性得以充分发挥。

2. 情境性

核心素养的培养是为学生的终身发展和社会发展,因而,学生需要在真实(接近真实)的情境中学习。学校课程活动化中应根据学生身心发展的特点,创建具有学习背景、景象和学习活动条件的真实情境,使学生体验知识运用、问题解决的全过程,形成终身发展和社会发展所需的关键能力和必备品格。

3. 实践性

学校课程的活动化构建是一种对原有课程创造性改编的过程,必须从教学实践出发,在实践中尝试、探索、检验、完善,使学校课程活动化,来源于实践、服务于实践。

4. 整体性

在本质上,核心素养是一种跨学科(情境)的综合能力,是知识、技能、经验、态度价值观的综合体,这也提示我们,培养学生的核心素养,要有整体育人的意识。首先,要把学生当成一个完整的人来看待,关注学生的全面发展。其次,在学校课程活动化构建时,要从把学校课程看作一个由多种要素组成的、互相关联、互相作用、互相依赖的有机整体。

(四)实施策略

1. 学生发展核心素养的校本表达

2016年,教育部颁布中国学生发展核心素养,以培养"全面发展的人"为核心,分为文化基础、自主发展、社会参与三个方面,人文底蕴、科学精神、学会学习、健康生活、责任担当、实践创新六大素养,具体细化为国家认同等18个基本要点。这是对学生素养的总体要求,指一个人在完成所有学业时应具备的素养,每个学段所应承担的素养培养任务不同,存在水平差异,用一种接力的形式完成对学生的素养培养。

学校课程活动化,应该根据地域的不同、学段的不同、资源的不同,对中国发展学生核心素养进行本校性的表达,也即确立本校的育人目标。

学校育人目标体现着学校的教育哲学,是一所学校的教育灵魂,总领着学校课程建设。科学合理的学校育人目标在理性分析下孕育而出,要依据学校教育发展历史、中国学生发展核心素养、社会发展需求(社区)、地域教育资源等,在多方论证的基础上加以确立。

2. 优化学校课程结构

要以课程结构创新为突破口,优化课程结构,协调课程门类、提升课程品质,增强课程对地方、对学校、对学生的适应性,让各类型、各层面的课程以合适的比例分布在学校课程框架中,为学生提供所需的均衡的营养。

关于课程结构,遵照一个层面上只采取一种分类方式的原则,采用流程图或双向细目表等方式呈现,如一所学校的课程分为基础性课程、拓展性课程、研究性课程,或是分为国家课程、地方课程、校本课程。不论如何分类,课程结构应该涵盖一所学校的所有课程,指向于学生核心素养的达成。

在确立课程结构的基础上,对国家课程进行校本化开发,将现有的学科课程以知识为主要逻辑组织的方式转化为以活动为主要组织方式,以实现对学生核心素养的培育。根据相关理论,越是综合的活动越对学生核心素养的发展有利,但鉴于校情的不同,综合的水平会有所不同。由此也会产生四个版本课程活动化:1.0版,课堂内设计;2.0版,学科内活动化设计;3.0版,学科间活动化设计;4.0版,超学科活动设计。

3. 建立学生素养目标体系

这一体系包括三层:第一层是教育目的,第二层是学科课程标准,第三层是学期、单元、课时层面的教学目标。这三层目标需要具有一致性,即目标体系是教育目的(想得到)、学科目标(看得到)、教学目标(做得到)的统一。建立学科素养目标体系的关键技术是学会分解课程标准和叙写目标。教师叙写目标,必须依据课程标准,结合具体内容,将学科核心素养具体化。

4.研制指向核心素养的大单元设计

侧重于课时教学,往往容易把知识拆得过细、过碎,学生缺乏整体的感知与体验,学生核心素养的培养需要在真实综合的情境中完成,把学生和核心素养联结起来的直接载体是单元问题引领下的学习活动和评价活动。这就需要把备课的站位从课时提升到单元,也即从知识点提升到学科育人的关键能力、必备品格与价值观,因此,指向核心素养的教学必须要提升教师的教学设计站位,立足单元,上接学科核心素养,下连知识点的目标或要求,写好指向于学生素养培育的大单元活动案。

单元设计在水平上分为四种:一是尊重原有的教材单元,只进行情境化设计,使单元设计更符合素养培育的需求;二是在学科内进行整合,即打乱原有的教材内容,跨单元、跨学期、跨年级进行单元设计;三是学科间融合,即根据单元主题,链接其他学科、生活、社会相关内容,使单元内容更综合;四是超学科式单元设计,即完全打破教材的限定,根据学习的需求设定主题,如北京亦庄实验小学的"全课程"设计。

单元设计的形式可以是主题式、问题解决式、项目式等。主题式,即围绕一定的主题来设计单元;问题解决式,即从需要解决的问题出发开展设计;项目式,即给出一定的任务,从任务出发设计。

5.聚焦课堂活动化

课堂是生命成长的场所,是学生素养培育落地的主阵地。什么样的活动化课堂才能培养学生的核心素养?活动是由共同目的联合起来并完成一定社会职能的动作的总和,由目的、动机和动作构成,具有完整的结构系统。在本研究中,活动的目标就是培育学生的核心素养,而指向于这一目的动作就应该遵循素养培育的相应要求和规律,包括整体情境的创设、以学习为中心、多元的评价等。

(1)创设真实情境的活动。学生学习是为应对将来的挑战,以适应社会发展的需要。既然需要的是真实情境中的能力,就必须在真实的情境中培养,正如夸美纽斯讲的那样,"让学生从写字中去学写字,从谈话中学谈话,从唱歌中学习唱歌,从推理中学推理……"①

为此,在课堂活动构建时应注意营造真实的情境,所谓真实的情境指真正的生活情境、社会情境,或者是接近真实的情境。

(2)开展以学习为中心的活动。以学习为中心,就不是以教为中心,关注点要放到学习上,关注学习的目标是何、学习的方式是何、学习的结果怎样。学生作为学习的主体,要明确学习目标,主动开展个体自学、参与小组互学和全班共学活动,能自我评价学习结果。学习活动方式要多样、学习水平要多级、学习主体要多元、学习目标要多维。

(3)开展多元评价活动。基于素养培育的课堂评价应该紧扣目标,同样遵循素养形成的规律。评价不能为了评而评,要创设真实的生活情境,让学生感受到知识的价值。要把学生的学习状态及效果作为评价的主要指标。多元的评价意味着唯一答案的纸笔测试不再是唯一的评价方式。从评价方式上讲,表现性评价应该纳入其中;从评价时段上看,过程评价应该与结果评价并重;从评价主体上讲,学生的自我反思意识和能力要重点培养。

6.开展课程评价

充分发挥课程评价的诊断、引领、导向作用,运用嵌入式评价,教学评融为一体。评价主体上,主张多元化,各领域专家、社会人士、家长、学生、学校领导、教师都应有参与评价的权利。评价内容方面:一是关注对课程本身的评价,尤其是对改编、开发的课程,借助外来专家力量对课程编制本身的专业性进行诊断,保持课程本身的科学性;二是关注对课程实施过程的评价,保证从正式的课程到领悟的课程、运作的课程这一过程的质量;三是关注对课程实施效果的评价,包括学生的成长变化,教师和学校的发展。评价标准上:一是关注其目标是否指向于学生的核心素养的发展;二是关注学生的学习活动开展情况;三是关注目标达成情况。评价方式上,以活动为评价的重要载体,注重纸质评价与表现性评价相结合,过程性评价与终结性评价相结合。注重对评价结果的使用,以评价结果引领活动化课程的后续研究。

(五)组织与保障

1.组织保障

成立课程顾问组、课程审议委员会、课程研究小组等组织,发挥各组织在课

---

① 张斌贤.外国教育史[M].北京:教育科学出版社,2008:140.

程构建中的不同职能。

课程开发顾问组,由各领域的专家组成,提供相关的理论性、学术性指导。

课程审议委员会,由相关的专家、社会人士、家长代表、教师代表、学生代表组成,负责对学校、学科层面的纲领性课程建设材料进行审议,如学校课程规划方案、课程纲要、大单元活动案等。

课程研究组由学校领导、骨干教师组成,具体负责活动化课程建设的方案制订、过程实施、管理评价等。

制定相关制度,包括课程开发制度、审议制度、管理制度、评价制度等。

2.资源保障

为学校课程活动化建设提供人力、物力、财力方面的保障,有多方开发、多方合作的意识,做到校内资源充分开发,校外资源合理利用,硬件到位,软件专业。

3.师资保障

师资是学校课程活动化构建的重要因素,是核心素养落实的关键力量。推行研训教一体化,围绕主题,以活动为主要形式,以任务为驱动,将研究、培训、教学实践融为一体,培训教师学会做学校课程规划方案和课程纲要、活动学习案设计,以及课堂观察量表的设计、课堂评价等。

学校课程活动化构建根据学校的需求与资源的不同,预计会出现四种构建水平。

水平1:课堂教学活动化构建水平。即只在课堂教学层面活动化处理。

水平2:学科内活动化建构水平。打破学科内容设计,在学科内进行活动化探索。

水平3:学科间活动化建构水平。在学校育人目标的引领下,根据一定的主题,将相关学科进行整合,进行学科间活动化建构。

水平4:超学科活动化建构水平。在学校育人目标的引领下,根据学生学习需求,打破学科界限,进行超学科活动化建构。

文字成果:学校课程方案、学科课程(活动课程)规划方案、学期课程纲要、活动学习案(大单元活动案、课时活动案)、优秀课例等,鼓励创新成果形式。

二、学科基地:培育学科核心素养"孵化器"

学生发展核心素养最终要通过学科教学才能形成和完成,区域教研部门必须加强学科教研基地建设,深化全区"素养·活动"教学改革实验,建立健全基于学生发展核心素养培育的校本教研机制,为学科核心素养研究搭建平台,充分发挥学校优势学科在落实教改实验中的带动与辐射作用,进一步提升教师教研水平和全区教研品质,聚力打造罗庄教育"金名片"。

(一)指导思想

认真贯彻落实《中共中央关于深化课程改革 落实立德树人根本任务的意见》精神,坚持以《新时代基础教育教研工作的意见》为指导,以深化"素养·活动"教学改革、构建高效课堂为宗旨,努力探索构建"活力课堂""思维课堂"和"卓越课堂"教学模式,构建素养立意的新型课堂教学环境,促进师生共同成长,全面提高教育教学质量。

(二)总体目标

学科教研基地是植根于学校教研组开展行动研究,并能承担区内同类学科教师培训、指导任务的教学研训组织,是以基地学校教研组为中心,并由教育专家、区内学科教研员、区内优秀教师共同参与的学科教学专业指导共同体。学科教研基地通过有针对性的主题教研、培训研讨等活动,不断优化学科"素养·活动"教学,实现学生、教师和学校的和谐发展。

(1)构建基于学科、素养立意,聚焦人的全面发展,统筹课程建设、学科素养、教学文化、课堂转型等方面一体化发展的立体化教研新格局,逐步形成学科核心素养落实机制,全面落实立德树人根本任务。

(2)构建由区教研中心、基地学校、教研组构成的教研共同体,建立互动、交流、分享的工作机制,改进教研工作方式,转变教研工作作风,提高教研工作实效。

(3)促进优势学科深度发展,注重学科特色教师的发现与培养,逐渐形成鲜明的学校教学特色,成为区域学科教研的品牌学校。

(4)培育学科首席名师,进一步发挥教研员、学科领军人才和骨干教师在学科教学改革中的示范引领作用,培育和提炼学科教研主张、教学主张、教育主张,充分发挥教学研究的育人力量,不断提升教研活动水平,促进区域教育教学质量的不断提升。

(三)主要任务

1. 聚焦"素养·活动"教学转型研究

遵循学科特点、学段特点和学生发展规律,充分发挥学科育人优势,加强学科素养与人的核心素养转化与统整研究,深入挖掘和提炼学科关键素养,逐步形成学科核心素养培育体系,打造一批优秀典型课例。

2.促进学科教师的专业发展

学科教研基地要以本校教研组为中心,创新名师工作室建设机制,依靠区内学科优秀教师教研、培训优势,培养带动一批学科教学领军人物的成长,促进基地教师群体的专业发展。

3.重视加强"关键"因素的培育研究

学科教研基地要提炼本校教研组教学经验,吸纳其他学校的教改经验,通过主题研讨、同课异构、课例研究等形式,聚焦关键问题、关键人物、关键任务,探寻问题解决的法则规律,主动传播校本研训经验,扩大该学科在区内外的影响力,打造形成一批区域内名教研组。

4.加强学科基地发展系统建设

学科基地要依托教研阵地,加强学科育人体系、学科思想、学科内容、学科教学范式、学科资源、学科教研文化建设,聚集教学、教研典型案例和优秀课例,为各校开展校本研修提供优质资源,让学科教研基地成为全区学科教师研修和培训的活动基地。

(四)工作及措施

学科基地建设是一项复杂而艰巨的任务,基地学校、教研中心既要密切配合,又要分工负责,共同促进基地的协同、联动发展,使之成为全体教师的学习共同体、研究共同体、发展共同体。

1.基地学校主要工作

(1)加强学科的专业建设。基地学校要研究制定学科改革和发展规划,制定和完善学科教研制度,制定教学改革、教研活动、教学质量、教师培养等方面的具体目标和工作措施,切实加强学科的专业建设。

(2)做好学科活动计划和总结。基地学校学科组要做好每学期本学科教研活动的计划和总结,分别于学期初和期末交区教研中心。

(3)协助教研员开展好教学研究和信息反馈。基地学校要积极协助教研中心做好在基地举办的学科教研活动,提供必要的后勤服务;学科组要认真做好讲课、发言、交流等教研活动的准备工作,搞好学科信息反馈。

(4)积极开展实践研究,做好经验推广。基地学科组每年能够总结出一定的研究成果或成功经验并推广;兼职教研员、市区骨干教师、学科组成员每学期要准备至少 2 个完整的教学案例或课例供专题教研使用,并在罗庄教研网站学科教研基地工作简报上发表。

(5)发挥示范带动作用,体现两个"辐射"。以学科教研实践为切入点,积累经验,辐射到其他学科;以开展校本教研为重点,辐射到其他学校。

(6)基地学校学科组要积极就本学科教研活动定期为"学科教研基地工作简报"撰写文稿、收集资料、提供信息。

2.区教研中心主要工作

(1)各学科教研员要与基地学校相关学科教研组密切合作,根据基地学校学科教学条件和特色,制订实施计划和实施方案,指导教研组确定教学改革重点和教学研究专题。

(2)教研员要经常到基地学校了解本学科教研教改情况,及时发现和善于总结该学科课程改革、教学创新中的成功经验,并积极通过会议交流、网络发布、向上级推荐等途径推广宣传。

(3)经常深入到课堂,了解学科教学实际情况,对本学科教师采用面对面指导方式,帮助学科教师更新教学理念,改进教学方法,提高课堂教学效率。

(4)主动关注基地学校学科教师的业务成长过程,重点加强对教师的备课、改作、辅导、命题、论文写作、课题研究、教学分析报告撰写等常规教学业务工作的指导力度,促使教师特别是年轻教师的专业水平快速成长。

(5)区教研中心创办《罗庄教研·学科教研基地工作简报》,积极构建教研交流平台。

(五)保障措施

1.组织保障

各基地学校要成立学科基地建设领导小组和实施工作组(学科组)。

2.建立基地档案

基地学校相关学科要建立专项档案,教研组长要做好各项教研活动的记录和相关评价,及时收集、整理活动资料,纳入档案妥善保管,便于今后总结评价。档案资料包括学校简介、学科特色介绍、领导小组、工作组(学科组)、工作目标、工作措施、活动计划记录、课例研究、学科问题探究、教学反思和体会等,作为评选区"优秀教研组"的依据。

3. 经费保障

学校和区教研中心根据具体情况，从国家规定的5%的教师培训经费中适当支持学科基地、名师工作室建设和研训活动所需经费，促进学科基地建设的顺利发展。

4. 考核评价

学科基地由区教研中心认定、挂牌，实行动态管理，每两年认定一次；每学期分期中、期末对各学科教研基地工作进行考核评价，工作成绩分为优秀、良好、及格、不及格四等，对成绩优秀的基地和个人予以表彰，连续两学期考核不合核的予以淘汰。

附：学科课改实验基地

（一）小学

语文：临沂第二十一中学　　　册山街道中心小学

数学：临沂第八实验小学　　　沂堂镇中心小学

英语：临沂第五实验小学　　　褚墩镇中心小学

道德与法治：临沂第七实验小学　临沂朱陈小学

科学：临沂第五实验小学　　　沂堂镇中心小学

综合实践：临沂第八实验小学

（二）初中

语文：临沂华盛实验学校　临沂沂堂中学

数学：临沂青河实验学校　临沂第二十中学

英语：临沂第二十一中学　临沂册山中学

历史：临沂第二十中学　　临沂第四十中学

地理：临沂第二十一中学　临沂第二十中学

政治：临沂第二十中学　　临沂第四十中学

生物：临沂青河实验学校　临沂光耀实验学校

化学：临沂第二十一中学　临沂第二十三中学

物理：临沂青河实验学校　临沂第二十一中学

信息：临沂第二十中学

（三）高中

语文：临沂第十九中学　临沂滨河高级中学

数学:临沂第十九中学　临沂滨河高级中学
英语:临沂第十九中学　临沂滨河高级中学
物理:临沂第十八中学　临沂滨河高级中学
化学:临沂第十九中学　临沂滨河高级中学
生物:临沂第十八中学　临沂滨河高级中学
政治:临沂第十八中学　临沂滨河高级中学
历史:临沂第十八中学　临沂滨河高级中学
地理:临沂第十八中学　临沂滨河高级中学
技术:临沂第十九中学　临沂滨河高级中学

（四）音体美

1. 美术

小学美术:临沂第七实验小学
初中美术:临沂第二十中学
高中美术:临沂滨河高级中学

2. 体育

小学体育:临沂青河实验学校
初中体育:临沂青河实验学校
高中体育:临沂滨河高级中学

3. 音乐

临沂华盛实验学校　临沂青河实验学校　临沂光耀实验学校
临沂第十八中学　　临沂滨河高级中学

（五）劳动教育

临沂第四十中学　临沂第七实验小学
临沂褚墩小学　　临沂光耀实验学校

三、任务书:"素养·活动"教改"施工图"

区域推进"素养·活动"教学改革实验是一项十分复杂而艰巨的工程,事关教育部门和各级各类学校,甚至千家万户,涉及社会各个领域,要顺利推进这项改革,促进立德树人根本任务真正落地,课改组研制策划了区域推进"素养·活动"教学改革实验的十大任务,确保改革实验有序推进。

(一)系统构建学段(学科)课堂教学范式

紧扣学生发展核心素养这条主线,分段研制和提炼"活力课堂""思维课堂""卓越课堂"教学范式建设规划、时间节点和任务书与路线图。经过 3～5 年的时间,构建形成成效明显、特色突出和品质卓越的学段(学科)教学范式。

(二)整体推进学科"素养·活动"教学改革实验

遴选和提炼先进教学经验。按照"遴选优秀经验(原始)—提炼典型经验—打造学科示范课例——区域推广实验"的办法,各学科遴选 3～5 例优秀教师先进教学经验作为原始经验,将各学科的原始经验提炼形成典型经验,作为素养教学改革实验因子,采取先行先试的办法,分步实施、整体推进各层面实验。经过一段时间研究实验,形成典型课例和课堂特色,将在全区各学科进行示范推广实验。

(三)全面推进"素养·活动"教学改革实验龙头课题研究

在认真研读古今中外有关活动教学理论和《现代教研·素养教学专辑》的基础上,根据活动教学改革有关文件精神,每所学校和学科教研员确立一项龙头课题,带领学校和学科所有成员围绕学科核心素养落地开展研究,争取用 3～5 年的时间形成研究报告和研究论文。

(四)建立学段学科研究基地

在全区中小学遴选五年内在中考高考发展较好的优势学科、优势项目作为培育对象,将学科和项目所在学校设立为活动教学改革实验研究基地,对确定为学科基地样板的学校进行挂牌,进行重点支持,实施跟踪督导,财政每年给予一定的经费支持,设立社会资助基金,对每个市级学科研究基地给予一定补助,并在政策上予以倾斜。同时,结合校本教研改进工作,进行有针对性的指导,整体推进"素养·活动"教学改革。

(五)遴选和培育 100 个典型课例

通过巡回听课、评课和学科主题研讨活动,发现和遴选课堂教学特色明显的典型课例,确定为重点培育对象,经过课例研究和展评,集中培育 100 个活动教学典型课例。

(六)全面启动建设名师工程

以名师工作室建设为载体,集中优势,借势发展,打造一批名师工作室,培养一批罗庄区教学领军人物,促进教科研专业化和教师队伍专业化、校长专业化,把名师工作室建设成为优秀教师培养的学术高地、优秀青年教师的集聚地和未来名师的孵化地,促进教师专业共同发展和提升。

(七)实现区域和校本教研转型

以优秀课例为载体,推进区域教研转型。各学科要实施案例点评制,通过课例和管理案例的现场点评,整体提升教研员理论水平、创新能力和研究素养。以基于素养的活动教学课题研究为载体,全面推进基于"素养·活动"的课程建设、课堂改革、队伍建设的研训教一体化改革,集中打造一批"名教研组",整体推动活动教学改革实验。

(八)开展特色教师遴选和培育活动

按照特色教师评选办法,以学校和学科为单位遴选一批师德高尚、成绩突出、教学特色明显,并具有一定教学主张的学科特色名师,进行重点培育。经过3~5年时间,通过举办研讨会、特色展评、风采展示和宣传推介等方式,培养造就50名特色名师。

(九)启动名校及名校长建设工程

按照自愿申报、自主发展和专家引领的办法,通过遴选特色名校和特色名校长,确定培养对象。

(十)总结和提炼"素养·活动"教学改革成果

加强素养教学改革宣传推介,通过开展课堂教学改革成果巡礼活动,开展系列成果推广和展评。对"活力课堂""思维课堂""卓越课堂"分类分层展评(2021年),集中打造和出版一批改革物化成果(著作、论文和报道)。

第五章 "素养·活动"教育推进策略

按照个体生命成长的整体序列：幸福之人、审美之人、理智之人、道德之人，我们的教育教学就应按照每个人生命成长的关键期实施适合的教育。思维课堂建设是"素养·活动"教学改革由理想变为现实的有力行动。思维是道德、智力、体力、审美、劳动素养形成的核心和纽带，发展思维素养是培育学生核心素养的关键之关键。可以说，建设思维课堂就是落实学生发展核心素养，就是"素养·活动"课堂教学改革的直接体现。

一、课堂"五化"范式构建

"素养·活动"一词受华东师范大学叶澜教授关于"生命·实践"教育学派的启发，研究形成了"素养·活动"教学概念，"素养·活动"是一个完整、固定的概念，既是一个落实学生发展核心素养的理念、主张，也是一种策略路径。其内涵博大精深，源于活动教学，高于活动教学，与核心素养、素质教育和人的全面发展一脉相承。

"素养·活动"的核心要义是：基于（能动）活动，为了素养，在活动中形成和发展素养。

（一）"素养·活动"课堂建设关键要素

1."素养·活动"课堂教学改革

（1）"素养·活动"课堂建设关键要素。研究认为，构建"素养·活动"课堂教学范式，应抓住这样几个关键要素：素养（目标）、内容、任务、活动、情境、资源、评价。

（2）"素养·活动"课堂教学范式。全区素养教学改革正在实现着从活动教学到"素养·活动"教学的超越，是真正将学生发展核心素养落地的有效实践。研究表明，"素养·活动"课堂教学范式内容，包括目标素养化、内容任务化、任务活动化、活动情境化、评价生态化等。

"五化"既是一种理念,贯穿于从备课、教学设计、上课、课外作业、课外辅导,学生学业成绩评定整个教学过程之中;同时,它又是一种实践范式。

(二)"素养·活动"课堂教学范式及其解读

这里确立的素养立意的课堂教学"五化"范式,旨在为各学段、各学科研究构建体现本质特点的学段教学范式、学科教学范式提供指导性框架。

1. 目标素养化

"目标素养化"是指培养目标(素养)、课程目标、教学目标向学科核心素养、学生素养的转化,即目标的素养表达。

在撰写教学设计的过程中,有一些老师直接照抄教学用书或教参中的学习目标,对学习目标与学科素养的关系缺乏自己的关注和思考:一节课或一个单元的教学目标是如何确定的? 与后续教学内容有何联系? 对实际教学有何引领? 这种拟定教学目标的方式使教师备课失去了意义,不利于对学生学科核心素养的培养。

教师应根据学科核心素养的培育方向实施课堂教学目标,即实现"目标素养化"。学习理解学科核心素养文本,能够帮助教师在学科内容中寻找达成核心素养的路径,引导教师方向性地实施课堂教学目标。教师通过考察学情,制定相应的素养目标,将学科核心素养内嵌到不同阶段的课堂学习目标中来,对学科核心素养规定的各维度进行循序渐进地培育,做到由小目标向大素养过渡,继而达到对学科核心素养的培育。

具体来说,一是学生通过本节课的学习,需要掌握哪些知识(事实、概念、原理)和获取那些技能(过程、步骤、策略)。二是哪些学习活动可以使学生获得这些知识和技能,进而提升学生的某一维度的素养。三是要充分达成学科核心素养的各维度要求,围绕课标要求,对本节课的教学方法、教学顺序、资源材料进行选择整合,以适配学科核心素养的宏观要求。

以人教版六年级上册"数与形"的教学目标设计为例,确定学习目标:

(1)观察、寻找图形的特点,从不同角度观察图形得出数学规律。

(2)学生会利用图形中隐藏的数的规律来计算或解决一些有关数的问题。

(3)在解决数学实际问题的过程中,感受数学知识的奥妙,激发热爱数学、乐于学习的情感。

为实现目标素养化,把数学课程标准中关于学生的核心素养渗透到课堂教学目标中,不仅让学生"得出数学规律",而且注重让学生"感悟数学思想",我们表述为以下素养目标。

(1)经历观察与操作、回顾与反思等数学活动,直观感受"形"与"数"之间的密切关系,体会数形结合在数学研究中的作用,能借助数形结合方法解决有关的问题。

(2)通过数与形的结合来分析思考问题,提升运用数形结合方法解决问题的意识和能力。

(3)在自主探索的过程中,感悟数形结合、极限、归纳推理等数学思想方法,积累数学活动经验,体验探究成功的乐趣。

只有数学知识与数学思想方法并重,才能帮助学生形成一个既有肉体又有灵魂的活的认知结构,促使数学的核心素养的形成。

2.内容任务化

"内容任务化"是指将一节课或一个单元的内容划分为若干个任务,是直指目标、为实现教学目标而设计的。这若干任务之间一般具有从低层次到高层次之间(先简单后复杂)的逻辑层次关系,或者具有并列关系。单元活动任务群示意图如图 5-1 所示。

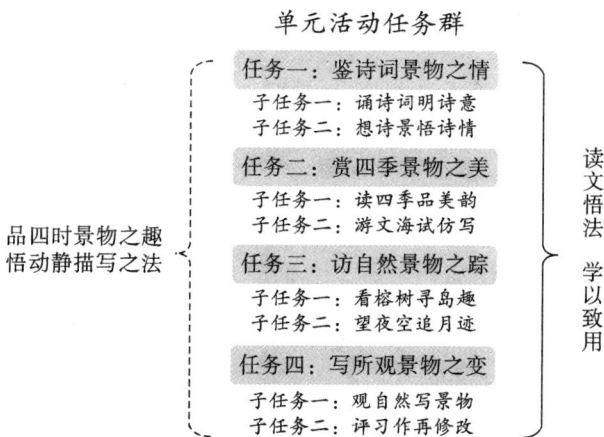

图 5-1 单元活动任务群示意图

(1)要做到任务目标明晰化。学习目标是指在教学活动中,期待学生达到的学习结果。准确的目标给老师提供确定的方向,明确的目标给学生提供良好的导向,具体的目标给学生提供客观的评价。任务的设计要源于教学目标的定位。

当我们准备教学一个单元时,也是要先关注单元学习任务,以任务为线索来聚焦学习内容。首要先关注单元学习任务,因为它对整个单元的学习具有统领作用,是进行单元教学设计的主要依据。关注任务时要思考:为什么这样几篇课文组合在一个单元里,在教学课文时可以设置哪些问题,可以关注哪些重点难点,可以怎样有效地整合单元所有的学习内容,可以提供怎样的学习方法和路径等等,在此基础上形成任务单。至于具体教学,既可以从任务出发,围绕任务解读文本,把握课文;也可以从课文出发,在解读文本的同时,暗含着为完成任务提供支撑的内容。

任务不是来自教师的异想天开,而是建立在教师用教材教的价值认知上,综合单元教学目标和文本特质,我们设计的任务目标指向要清晰。以五年级下册第七单元《威尼斯的小艇》一课为例,本单元的语文要素是"体会景物的静态美和动态美",它是五年级上册第七单元语文要素"初步体会课文中静态描写和动态描写"的发展和提升,重在培养学生初步的文学品鉴能力。这篇课文是单元的开篇,承担了方法指导、要素落实的重任。教学时可以从想象场景、对比阅读、主题阅读三个方面落实语文要素。因此可以将学习目标确定为:①正确认读生字,会写本课生字,理解"船艄"等词语的意思;②概括小艇的外形特点,体会比喻的作用;③体会威尼斯的静态美和动态美,能用不同的语气和节奏读出两种美;④进行主题阅读,提升阅读能力。

将这些目标集中于一个畅游威尼斯任务的实现过程中,学生要浸入到作者的叙述描写里,通过各个任务初游威尼斯览风采、解锁字词初识小艇、乘舟游览感受情趣、再游威尼斯感受神奇,从而感受威尼斯这座水上城市特有的风光。

(2)要做到任务层次清晰化。大单元教学的结构化任务递进性活动设计,相较于单篇学习,更能够改变原来单篇学习知识获取碎片化的不足,使知识学习由零散走向关联,拓宽学习的广度,学生在所学知识的基础上构建知识网络,由浅层学习迈向深度学习。

"阅读是文体思维"的观点,要求分享自己的实践经验,按照文体进行组元,考虑文本之间在目标或阅读能力训练点上的共同之处,以一个大问题或大任务组织大单元的教学结构,让教学更灵活地展开。

结构化的单元学习任务设计,需要关注单元学习任务的分析。单元学习任务通常是以"任务群"的样态出现,我们可以尝试运用教育中的设计科学,充分发挥理论的指导作用,整合多种教学方式和内容,促进学生核心素养的发展。

依据单元目标、学生已有认知结构和单元知识结构把大主题分解成任务,在任务下设计整体性、递进性活动。例如,在五年级上册第七单元"人文要素"是"四时景物皆成趣"。

根据目标需要完成的大任务,完成大任务要解决分问题,完成二级任务需要完成子任务,完成子任务需要进行的活动。在单元设计中我们可以将内容分层化:大单元任务的设计,我们要注意学生的学习由易到难、由浅到深、逐步深入,实现深度学习。教学不能被狭义的"活动"架空,学生通过学科核心素养的养成,对本单元进行深度学习,提高学科素养。所有的努力,都是为了使学生在完成一组具有较高关联性且有层次性的任务过程中,提高学科素养,达成既定的目标。单元学习任务的高度整合,可能会给教与学带来较大的挑战,这需要我们努力提升真实情境、提升大单元教学和大任务的设计与实施能力。

(3)要做到任务情境化。"任务情境化"要求设计一个包含学科知识、尽可能真实、学生普遍熟悉、表现为故事或场景的大单元"情境";大单元目标是在真实情境下,确定相关的学习主题,设计多样的学习任务,这些任务涵盖学生生活、学习和日后工作需要的各种活动类型,提出的是学生所思所想、能思能答、应知应会的问题,所以是真实情境。

真实的情境是指向学生生活的真实需要。真正的"真实",绝不仅仅是指生活真实,或对象真实,还应该指方法真实、思维真实、能力真实。方法真实和能力真实,在任务设计中,比生活真实更为重要。

为了完成学习任务,在大情境的基础上再设计小情境,并设计一些教学活动。追求知识学习的条件化、任务化和活动化,推动学习方式的变革,试图突破传统教学中大量存在的"有任务,没体验""有任务,无知识""为情境而情境"的困局。

"任务"的设计是着眼于学生深度学习的开展,那么,在任务的驱动下,学生是如何开展学习的呢? 首先,围绕教材展开情境式互动,教材是教师创设情境载体,使学生融入情境学习知识的基础,为此需根据任务内容应用情境教学法。例如,教师在进行《在牛肚子里旅行》教学时可绘制简图,在将画在牛侧面的图纸横向打开后,学生会发现牛的内部器官,如胃、心脏、肠道等,而后教师拿出玩具蛐蛐,按照教材内容进行操作,讲述蛐蛐在牛肚子里旅行的过程,使教学内容更加生动,教学效果随之加强。其次,围绕学生学习状态展开情境式互动。为使学生可以将全部精力投入到语文学习进程中,教师应根据学生的特点、学习需求、兴趣喜好创设情境,妥善运用。例如,教师在进行"口语交际:身边的'小事'"教学时,可引导学生回忆发生在学生身边且有一定意义的"小事",通过创设生活化情境点燃学生口语交际热情,达到培养学生语文核心素养的目的。

3. 任务活动化

"任务活动化"是指以问题导学为根本特征,将问题设计贯穿在学习活动中。针对每个任务,选择和设计相应的多种学习活动,活动是为完成任务而选择设计的。多种学习活动之间具有递进或并列的关系,学生个体自学阶段的教学过程是由一系列的任务和对应的学习活动构成的。

(1)活动问题具有明确性。要有的放矢,问题直指教学目标,对于教材中的重点、难点,要抓得准、吃得透。重点解决了,难点突破了,活动任务也就落实了。在教学《扁鹊治病》时,我们紧紧围绕"扁鹊是如何给蔡桓侯治病的?"这一问题,让学生自由读课文后,画出相关词句,代神医扁鹊填写病历表。从而让学生体会到扁鹊一而再、再而三地要给蔡桓侯治病,而蔡桓侯一而再、再而三地拒绝,在扁鹊和蔡桓侯的语言、神态中,感受到扁鹊、蔡桓侯的人物形象。

(2)活动问题应有启发性。成功的课堂问题设计,往往能牵一发而动全身,这里的"一发"可以看作是整个教学活动的精华,是最具营养、最值得咀嚼的。抓住这一点进行提问,可以启发学生的思维,提高学习兴趣,是语文活动教学中进行思维训练的有效方法,因而我们在课堂活动中设计的问题要能启发学生的深度思考。问题设计还是以《扁鹊治病》为例,"蔡桓侯是一个明君,他在位时到处招贤纳士,想有一番作为,可惜年仅 44 岁就病死了,蔡桓侯死于什么病呢?""这个故事让你明白了什么道理?"学生经过深度思考,在小组交流中思维进行碰撞、升华:有病要及时医治;我们要听取别人的意见,否则后果不堪设想、感慨扁鹊的医术高明、医德高尚……一系列启发性的问题,让学生智慧的火花从不同角度迸发。

(3)活动问题难易适度性。首先,活动中设计的问题难易必须适度。其次,设计的问题必须数量适度。再次,问题思考的时间必须适度。第四,分层适度,不同学生能思考出不同程度,采用不同方法。

在教学《王戎不取道旁李》时,我们从学生的实际出发,根据学生已有的知识积累和实际能力来确定问题的难易程度,不偏难或偏易。在活动"看图猜故事环节",我们设计了问题"在我国的历史长河中,有许多脍炙人口的历史传说和故事,那你知道这些故事出自哪里吗?"从而引出《世说新语》。在活动"感受文言文"环节,问题"大家还记得学习文言文的方法吗?"引导学生回顾文言文的学习方法。

在活动"质疑促思考"环节,引导学生思考《王戎不取道旁李》一文中,三个

"之"分别代表了什么？进一步弄懂课文内容。学贵有疑，在本环节中我们让学生以小组为单位每人提一个问题，小组筛选出有价值的问题：为什么"树在道边而多子，此必苦李"？王戎怎么知道李树上的果实是苦的？这个故事告诉我们什么道理？王戎是一个怎样的人？思考是行为的种子，提出一个问题往往比回答一个问题更有思维含量。

（4）活动问题质疑巧妙性。在实际教学中，我们要善于抓住教材中主要内容的奇巧之处来提出疑问，以便让学生质疑争论；善于抓住课文中的重大线索提出问题，以引起学生思考；善于把握教学时机投以一石，激起学生思维的波澜。特别是要善于抓住课文中不被学生注意、但却是应该着重理解的内容设计一些问题，增强这些内容对学生大脑刺激的强度，促使学生深思。

要把活动问题化落实好，单靠一系列提问是不够的，它需要我们站在课程建设的高地，从课程标准、整本教材出发，以"大单元"教学观来谋划，设计出一组有计划、有步骤的系统化的问题，这样的问题才能从多方位培养学生的思维能力和综合素养。

4. 活动情境化

"活动情境化"是指通过真实情境创设，让学生在活动中生成问题，在问题解决过程中形成学生素养。

"情境"一词最先是被美国教育家杜威运用在了教育学领域，认为"思维起于自己直接经验的情景，好的教学必须唤起学生的思维"。

情境是指作用于学生主体产生一定情感反应的客观环境，也是在课堂教学环境中作用于学生，而引起积极学习情感反应的教学过程。

活动情境化是指创设丰富多彩的生活问题情境，让学生置身于生动活泼的情境中活动，增强学生的活动情趣，激发学生的思维活力。例如，在小学中年级心理课《沟通很简单》课堂活动——购买沙具，就设置了具体的情境，有商店、店铺名称、多种沙具等，让学生投入到这个买卖的情境中，活动分成四个组，后来的结果是四个组的用时是不同的，从而让学生领悟到沟通的意义之大。①

（1）教师预设课堂活动，学生参与活动加深理解。这样的活动情境设置是基于课前老师充分的备教材、备学生的基础上，为了增强趣味性和激发学生的思维能力而设置的。例如，教学小学数学"长方体认识"这一课时，教师可以给学生准备12个小棒（4根长、4根宽、4根高）和一些橡皮泥，让学生搭建一个长

---

①　黄光雄,等.核心素养课程发展与设计新论[M].上海:华东师范大学出版社,2017:3-10.

方体框架。学生在做这个长方体的过程中,感悟到长方体有 8 个顶点,12 条棱(4 个长、4 个宽、4 个高)。接着让学生给这个长方体框架披上外衣。学生在给长方体框架披外衣的过程中感悟到长方体有 6 个面,相对的面面积相等。这种活动让学生在"做"中学知识、悟知识。

(2)基于学生的个人体验情境来设置活动。基于学生的个人体验情境,让学生自己主动地设计并参与活动,体现的是学生的个人取向及学生个人的自我关注、自主理解等。例如,在小学语文课《夏天里的成长》,在品读语言时可以放手让学生加上一些语气词,然后朗读来体会作者对夏日成长之快的惊讶之情,学生最终呈现的结果是"你在棚架上看瓜藤,(咦)一天可以长出几寸;你到竹子林、高粱地里听声音,(啊)在叭叭的声响里,一夜可以多出半节。昨天是苞蕾,今天是鲜花,明天就变成了小果实(啦)!"

再如,小学语文课《巨人的花园》,花园因巨人对孩子的训斥而变得寒冷,雪、霜来了,北风高兴了。此环节可以放手让学生去演读,通过"演",来表现冬天的寒冷、童话的奇妙。

(3)师生共同设置活动情境并完成。英语的语法是学生学习时最吃力的内容,语法教学也是老师的大难题。可以把语法规则化为活动,把教学过程化为交际活动,在师生的共同活动中操练和运用语法。猜测游戏能很好地激发学生学习语法的兴趣,使学生的注意力和精力都集中在猜测活动上。如在教授现在进行时态时,让喜欢表演的学生上讲台前,随意抽取一张小纸条,纸条上老师预先写着"swimming",他做动作,全班学生猜动作,可以运用句型 What are you doing? Are you...? What is he/she doing? Is he/she...? 来猜测。擅长表演的学生动作会表演得惟妙惟肖,下面的学生就会争先恐后、踊跃发言,兴趣盎然地在不知不觉中却又是有意识地用现在进行时态的句子结构去表达自己的看法。

上面三个方面是在课堂上创设的活动情境,培养学生思维,在课下也可以继续进行情境化的活动设计。例如,学习完中学语文《愚公移山》后,可设置一个辩论会,正、反方的辩题分别是愚公该或不该移山。通过具体的可感的辩论活动,让学生感受愚公可贵的精神品质。再如学习完中学语文《皇帝的新装》,可以通过课本剧的编排,让学生感受童话故事的现实讽刺性。

5.评价生态化

"评价生态化"是指素养课堂教学坚持"学习中心、以学评教"的理念,全面聚焦学生的学习状态、学习方式、学生素养形成情况以及教师服务学生学习、资源开发与运用情况、教师自身发展等,体现教师和学生的全面发展与和谐发展。

　　课堂是一种特殊的生态,具有独特的课堂生态主体(教师和学生)和课堂生态环境,是由教师、学生、环境之间交互作用共同使课堂成为有机的生态整体。评价生态化就是要求教师评价内容从割裂走向融合,评价方式从单一走向多元,评价功能从片面走向全面,评价语言从空洞走向灵活。教师要努力实现以下三个转型:①在教师的意识形态上,从"专制型"向"民主型"转型;②在教学内容和时空上,从"封闭型""单一型"向"开放型"和"多元型"转型;③在学生的学习方式上,从"被动接受型"向"自主探索型"转型。

　　首先,要尊重学生,无论是在怎样的课堂上,教师进行评价都要顾及学生的内心感受,尊重学生不完美的地方。

　　其次,教师要以激励性评价为主,激励性评价就是让学生在学习中产生向上的欲望和动力。具体来说,教师可以从以下方面进行评价:①评价学生知识目标达成度;②评价学生在学习过程中能力发展情况,包括评价学生的实验操作和探究设计能力、阅读和分析能力、归纳和综合能力、发现和提出问题能力、处理和应用信息能力等;③评价学生在学习过程中情境目标实现情况,包括对学生在学习中的兴趣、学习态度和习惯、学习自主性和参与度、对社会重大热点问题的关注、与他人合作交流的态度以及自评和他评能力等做出评价。

二、活动学习案设计

　　课堂教学是落实素质教育和立德树人的主渠道,只有通过课堂教学改革,学生发展核心素养才能真正落地。然而,传统课堂教学"三中心"(教师中心、课堂中心、书本中心)的思想根深蒂固,一直禁锢着老师们的教学改革思路。其中,教师中心是最为核心和根本的。教师以教案为本位,按照教案里设定的教学目标,在课堂上"培养""引导""发展"学生。这种封闭性的教学,使课堂变得机械、沉闷和程式化,缺乏生气和乐趣,背离"学习中心"的课堂教学旨趣,不利于学生素养的形成和发展。2019年11月,罗庄区教学研究中心基于学生发展核心素养培育这一主题,启动区域整体推进中小学"素养·活动"教学改革实验,通过"活动学习案"研制与实施,构建核心素养落地的活动机制,彻底扭转旧"三中心"带来的弊端,促进课堂教学根本转型,促进学生发展核心素养的真正落地。

(一)优化活动机制是促进学生素养形成的关键

　　调研发现,在新课程改革进行了近20年的时间里,至今还有很多教师仍片面地认为"教学就是上课""上课就是教学学习知识",这严重背离了教学的初衷。教学的本质是育人,不仅传授知识,而且教学生做事、做人,对学生进行完美的独立人格的培养,实现立德树人的根本目的。在课堂教学与活动关系研究和实践方面,通过查阅文献资料发现,中外专家学者对"活动理论、活动与发展"等命题进行过许多研究。然而,我们在学习中发现,活动理论研究者缺乏与课堂教学的联系;活动教学理论研究者缺乏活动发展的实证研究,没有科学的实验推进。因此,我们有必要对核心素养落地机制进行深度研究与实践构建。

1. 让学生发展核心素养真实发生的深度思考

我们知道,活动是连接主体与客体的通道,也是人获得生存与发展的通道。然而,对于影响主体发展的因素问题,我国长期以来认为影响人的身心发展的因素是遗传、环境和教育,其中,遗传是决定人的身心发展的物质前提,环境是影响人的身心发展的决定性因素,教育作为人为组织的环境对于人的身心发展起主导作用。这一错误结论一直影响着我们的教育观念和教育行为。其实,教育本身也是一种师生共同参与的、特殊的主体性活动。20世纪80年代以来,我国开始逐渐形成从学生活动理解学生的观念。华东师范大学叶澜教授认为,影响人的身心发展的因素有两大类:一类是可能性因素,包括主体自身的条件和环境条件;一类是现实性因素,即指主体自身的活动。每个人的发展总是个体的发展,而个体的活动是个体发展的决定性因素,没有个体的活动就谈不上任何发展。20世纪90年代以来,我国对活动课程、活动教学等问题进行了深入研究,推进了从学生活动理解学生发展问题的认识。研究结果表明,没有活动,一个人的素养难以形成,只有通过活动,一个人的个性风格才能展现出来。可见,活动对于一个人的发展发挥着举足轻重的作用和不可忽视的价值地位。①

为实现以学习为中心的课堂教学根本转型,许多有良知的教育者从扭转传统课堂教学旧"三中心"带来的负面影响,下大气力对教案进行改造研究,发挥了一定的积极作用。目前,教学界常见有学历案、活动单设计,它们与教案相比都有很大的改进,但也存在着先天不足。学历案强调学生学习过程和经历,对其中的活动机制重视不够,活动单虽然重视活动,但没有将其与学生素养形成有机结合,不能实现完整育人,显得高度不够和融合度欠缺,育人效果很不理想。

目前,在学生素养发展的机制方面,国内外已形成了这样的共识,即学生自身能动活动是促进学生素养形成的机制,这种认识为理解教师的教导如何促进

①　叶澜. 教育概论[M]. 北京:人民教育出版社,2006(8):211-214.

学生素养发展的机制提供了最重要的理论依据。由于学生的素养是通过自身能动参与活动,并亲身经历和完成的活动过程形成的,通过教师的教导作用于学生的活动而间接影响学生的素养发展,即教导作用→学生的活动→学生的发展。这就是说,教导对学生素养发展的作用一定要通过作用于学生的活动才能发生。陶行知先生曾说过,"好的先生不是教书,不是教学生,而教学生学"。这就是说,学生的素养发展是通过自身能动活动过程实现的,而学习活动过程本身必须由学生亲身经历和完成。基于此,我们提出了"活动学习案"这一概念,通过"活动学习案"的编制与实施,直接指导、引起、促进、帮助学生的活动,促进学生素养的形成与发展。①

2. 活动学习案是构建"学习中心"课堂的关键

研究与实践表明,活动是人发展的载体和机制,是立德树人落地的桥梁和通道。而核心素养研究者们从核心素养到学科核心素养,再到学生素养的形成,大多停留于对课堂教学问题的思考与研究层面,没有引入活动机制,不能触及学生素养与发展的本质。2020 年 1 月,罗庄区教研中心精心选择和研制了 40 个具有典型意义的问题,围绕"核心素养""课堂教学""活动""立德树人"等重大问题进行全面的深入调查。其中,对课堂教学 8 个方面问题进行细致分析,得出了如下结论:大多数教师的课堂教学价值追求是以素养生成为本,达到 76.7%;有 79.33%的教师在教学设计时注重学生学习兴趣与素养培养,在教学过程中,79.64%的教师以激发学生学习动机为主;在教学方式的选择上,多数教师采用合作学习为主,达到 58.06%;能采用活动教学为主的教师只有 24.71%,在教学比例上,多数教师是教学参半;在教学内容的处理上,有 71.15%的教师能适当进行课程开发,具备一定的课程开发能力,没有完全根据教材进行授课;从课堂教学效率自评来看,有一半多的教师对自己的教学还是认可,过得去;有 44.04%的教师认为自己的课堂效率比较高,是在不断提高的,从教学质量评估成绩看,也是比较符合实际情况。从总体上看,在课堂教学改革方面,多数教师具备课改的追求,也愿意追求新的教学方式,以不断提高教学成绩,促进学生的全面发展,这为"素养·活动"的具体开展打下了很好的基础。当然,在实际课堂教学中能采用活动教学为主的老师还是比较少,这也为项目的开展带来了一定的难度。

基于以上问题的思考,站在素养时代的前沿的罗庄区教学研究中心,审时

---

① 陈佑清. 教学论新编[M]. 北京:人民教育出版社,2011.

度势,及时确立了"区域推进基于核心素养的活动教学整体改革"这一命题,旨在通过引入活动机制,运用活动学习案改革,推动以区域为单元的课堂教学发生根本性的整体转型变革。

(二)"活动学习案"直抵学生发展核心素养

立德树人只有在学校教育活动中,才能变为现实。因为活动不仅是连接立德树人与核心素养之间的枢纽,而且活动本身也存在育人价值。因此,落实立德树人根本任务必须统筹区域文化资源,建立以活动学习案为核心的活动机制,以区域为单元推进课堂教学改革,正确认识活动学习案的内涵与性质、活动学习案的研制与实施等,将各类教育教学活动赋予成长意义,统筹推进深度学习、项目学习、主题学习、任务群学习等各种学习活动,促进学生发展核心素养真正落地,实现真正的教育高质量。

1. 活动学习案的内涵与性质

(1)活动及活动学习案内涵。对教育而言,学生能动性活动包括实物活动、交往活动和认知学习活动。在活动化教学中,根据素养与活动关联性的特点和规律,对实物活动、交往活动、认知学习活动进行并联、串联,形成指向核心素养的多种活动组合,活动应与学生核心素养的形成匹配一致。这种基于核心素养的多样活动组合,就以活动学习案形式表现,并在课堂发挥统筹引领作用。①

活动学习案是教师指导学生完成学习任务的活动化设计方案,用于指导学生自主学习、主动参与、合作探究的学习方案,它以问题为导向,以活动为机制,以学生的学习为中心,以学生素养形成为主线,目的是引起学生能动地参与学习活动并促进其有效完成学习活动的过程。活动教学是培养学生核心素养的重要策略,活动学习案又是实施活动化教学的前提。它是以板块、问题以及学习成果为载体的学习工具和支架,是路线图、方向盘、指南针,它能帮助学生明确学习的路标、掌握学习方法和策略、形成学科素养。

从活动案的要素和学习实际来看,活动过程是实施活动教学的关键环节,但由于学习活动领域、对象、目标和形式等方面的不同,学习活动具有多样化的类型。因此,活动学习案关注学生的整体性发展,遵循活动教学的基本理念,坚持问题导向,以培育学生核心素养为根本,以"活动"为机制,重在大面积提升教

---

① 陈佑清. 在与活动的关联中理解素养问题[J]. 教育研究,2019(6):64-67.

育质量,促进学生全面发展。①

　　(2)活动学习案要素。一份完整的活动学习案主要包括主题与课时、学习目标、评价任务、活动过程、检测与作业、学后反思等6个基本要素,如表5-1所示。这些要素的设置坚持以素养为导向,体现以一个主题(问题、项目、观念、技能)的学习为单位,以"何以学会"为中心,以形成性评价为指引,分解目标达成的过程,为学生自主或有指导的学习提供清晰的路线图。

表5-1　活动学习案六要素

要素与关键问题	回答提示
1. 主题与单元 (在多少时间内学习什么)	1.1　内容:主题或单元;来自何处? 知识或价值地位? 1.2　时间:依据目标、学情、教材确定具体学时。
2. 活动目标 (期望学生学会什么)	2.1　依据:课程标准、学情、教材、资源等。 2.2　目标:3～5条;可观察、可测量、可评价;每条指向学科关键能力或素养;相互之间有关联;素养叙写;可分解成具体任务或指标;至少有2/3的学生能完成。
3. 评价任务 (如何知道学生是否学会)	3.1　要求:包括情境、知识点(素养点)、活动任务;学生完成此项活动任务后的表现与上述的任务或指标一致。 3.2　评价与目标无须一一对应。
4. 活动过程 (经历什么过程才能学会)	4.1　学法建议:达成目标的资源、路径、前备知识提示。 4.2　课前个学:定时间、有任务。 4.3　课中互学、共学:活动的进阶(递进或拓展);评价任务的嵌入;体现学生自主建构或社会建构的真实的过程。
5. 检测与作业 (如何巩固已学会的东西)	5.1　要求:包括课前、课中与课后活动作业,整体设计作业;论述或综合题要包括情境、素养点与任务。 5.2　明确功能:检测题、巩固题与提高题。
6. 学后反思 (反思自己是如何学会的)	6.1　引导学生思考梳理已学知识、梳理学习策略。 6.2　诊断自身问题、报告求助信息。

　　活动学习案设计的活动内容结构与选择和编制,是构建"学习中心"课堂、落实学生发展核心素养的关键。因此,活动学习案的目标要以培养学生的核心

① 崔允漷. 学科核心素养呼唤大单元教学设计[J].上海教育科研,2019(04):49.

素养为导向,开发与实施应面向学生实际,实施要注重学生的亲身参与和主动生成,评价主张多元评价和综合考察。

2. 如何研制活动学习案

(1)活动学习案研制应遵循的原则。课堂教学能否有效促进学生素养的形成,编制一份科学的活动学习案显得尤为重要。活动学习案的设计和编制,首先要基于学生发展实际需要,其次应依据课程标准、学科核心素养要素,具体要遵循以下原则。

第一,目标性原则。活动学习案设计应建立在教学目标基础上,活动学习案的设计中要明确学科背景知识、掌握课程标准和学科核心要素、明确学习的目标和内容要求。

第二,体验性原则。体验性即实践性、探究性,其核心要素是身心参与,活动学习案的设计要强调创设情境,让学生用自己的身体去经历、用自己的心灵去感悟,突出体验性,让学生真说、真做、真想、真悟,将"书中学""做中学""用中学"相结合。

第三,层递性原则。活动学习案是把教师教的活动过程变为学生学的活动过程,要善于站在学生发展的角度,设计组合递进式的活动,活动与活动之间既要有针对性、关联性,又要有层次性、递进性。

第四,整体性原则。活动学习案是以问题为导向、以活动为主线、以学习为中心的学习方式。活动学习案是学科活动化教学的有效载体,无论是主题式活动学习案、深度学习活动学习案、项目式活动学习案还是课时的活动学习案,都要强调其完整性和整体性,让学生经历从头到尾的活动过程,经历从现象到本质、从感性到理性的完整过程。

(2)基于活动学习案的设计研究。活动学习案的设计与编制是动摇陈旧备课与教研方式的一剂良药,能改变教师的认知结构和学科知识结构。学科或跨学科教研组可以以教师"工作坊"的形式开展行动研究,如表 5-2 所示。根据学生素养培育目标的要求,确立明确的活动主题,以"你问我答""实践操作""组间评议""全组展示"等形式,结合学校实际,对活动案的要领、活动案的框架及编写重点、难点,活动案的编制设计、编写流程等进行集体研讨,最终形成基于学科核心素养和学科特征的活动案模型。学科组可以利用教研组公开课、全校展示课引领活动教学改革,落实学生发展核心素养。

表 5-2 教师"工作坊"研究主题内容

	主题	关键词
1	设计学习活动单元	"目标—达成—评价"的单元设计、"主题—探究—表达"的单元设计
2	确定和叙写学习活动目标	基于学情、基于课标、基于教材,明确关键词、分析行为表现、确定行为条件、确定行为表现程度、写出学习目标
3	撰写与目标匹配的评价任务	评价任务与目标对应、内容主题和认知要求一致、评价方法与目标切合
4	撰写活动建议	关注活动方式,明确活动程序、方式、方法
5	设计"学习活动过程"	有利于学习目标的达成、过程设计嵌入评价任务、体现学习活动的进阶
6	设计活动作业与检测	检测性作业、巩固性作业、提高性作业
7	指导学生进行学后反思	反思学习结果、反思学习过程、反思学习意义
8	指导学生使用和管理活动案	整体感知活动案、指导学生参与构建和用好学习活动支架、建立档案和反思学习
9	体现教—学—评一致性	学习目标与评价任务的一致性、学习目标与学习活动过程的一致性、学习活动过程与评价任务的一致性
10	评估活动案	活动案评估指标体系、活动案评估结果

（3）活动学习案设计要求。设计和编写一份完整的活动案,重点要考虑以下 4 个方面的问题:准确界定核心素养目标、明确设计学习重难点、精心选择活动情境、缜密构建活动案体系。

一要准确定位素养目标,找准教学落脚点。在活动学习案设计上,要围绕学习主题,在研读课标的基础上,提炼学科核心素养,并对教材进行科学化解读,找准培育的核心要素、教学的目标和落脚点。

二要科学分析学情状况,明确设计重难点。编写活动学习案时,要根据核心素养目标要求,在分析学生原有认知基础、发展规律的基础上,准确把握学习案设计的重点和难点,提高活动案设计的针对性和实效性。

三要精心创设活动情境,诊断把脉关键点。活动情境创设的效度直接制约着活动学习案的效度,活动案的创设要立足学生实际,创设问题情境,引领学生经历体验,引发思考,推演思维发生发展,促进学生问题解决能力的形成。

四要宏观架构、微观把握,缜密构建着力点。围绕同一主题的活动设计要构成一个相对完整的体系,以便学生实现自主建构。一般而言,一堂课适宜设置2~3个主活动,活动设置要有层次性和递进性,有利于学生整体建构。

3.活动学习案编制建议

学习过程就是问题解决的过程,从问题解决的角度讲,完整的学习包含"情境、问题、假设、推理、验证、反思"等步骤。学生在活动案的使用中,在问题的引领下,解决实际问题,反思总结,进而形成学科素养。因此,活动学习案的设计要基于目标达成、基于问题解决、基于习得方法、基于素养生成。在设计制作活动案时,一般要注重情境的创设、问题的解决、回顾反思等活动的设计。

(1)创设情境活动设计与建议。创新素养培育方式,应重视真实问题解决能力的形成,它是核心素养发展的关键所在。知识的目的、用途、条件和方法等只有在实际使用过程中才能被学习者所掌握,从而推动后续的学习迁移,因此,活动案的设计应重视创设情境,一是要注意情境的真实性,二是要凸显情境的必要性。

(2)问题解决活动设计与建议。在情境活动中,包含着学生需要探究的问题,在活动案的设计中,要凸显探究性的问题解决活动。一方面要重视"迁移",学生已有知识经验的调取,迁移旧知学习;另一方面也要重视"创新",引领学生探究新问题。学生在活动中思考、在活动中交流、在活动中提升。

(3)回顾反思活动设计与建议。在活动案设计中,要注重反思和总结活动的价值意义。一是设计反思活动,学生在回顾活动的历程中,建构学科体系,积累活动经验,总结学科方法,感悟学科思想。二是设计拓展活动,基于掌握学科思想和探究方法,进行课外的延伸活动。

4.活动学习案在落实学科核心素养中的运用

在教育教学实践中,当我们提出并培育学生发展核心素养的时候,这只是一种假设。如果需要真正形成学生的素养,还需要经过一系列转化,即经过从"核心素养→学科课程标准→学科核心素养→活动机制→学生素养"等闭环式过程,才能促使核心素养真正落地,而不仅仅是从理论到理论的论证,就能奏效的。我们以小学数学学科活动案设计为例,说明这个道理,如表5-3所示。

表 5-3 小学数学学科活动案设计样式

临沂市罗庄区小学数学学科活动案	
学科核心素养的提炼	"运算能力""推理能力""猜想—验证—结论"的数学思维方式。
学科学习目标的拟定	1. 在具体的情境中发现、归纳、理解乘法分配律,并能用字母表示乘法分配律。 2. 在观察、猜想、验证等活动中发展推理能力,能进行有条理的思考,能比较清楚地表达自己的思考过程与结果。 3. 学生能感受数学知识之间的内在联系,初步养成从联系的角度想问题的良好品质。
学习内容或学习主题	人教版《义务教育教科书·数学》四年级下册第26～27页,例7"乘法分配律"。
学习重点难点的确立	1. 学习重点:理解乘法分配律的意义,在观察、猜想、验证、联系等活动中发展学生的推理能力。 2. 学习难点:用联系的视角进行推理说明乘法分配律的内在之理。

学习活动过程(学科核心素养、活动化设计、实施要一致)			
学科核心素养点	活动化学习设计	学习流程/活动化实施	评价方式
发现信息、提出问题的能力	活动一:创设情境,引思启智 1. 创设情境 出示日常生活中菜园、花园、果园的情境图 2. 提出问题 引导学生观察信息、提出问题。 (1)白菜和油菜一共有多少? (2)玫瑰和月季一共有多少? (3)桃树和杏树一共有多少?	1. 数学眼光 用数学眼光观察情境,表达发现的数学信息并提出数学问题。 2. 数学语言 用不同的方法解决问题。 (1)菜园蔬菜总数: (2+4)×3 或 2×3+4×3 (2)花园花的总数: (8+2)×5 或 8×5+2×5 (3)果园果树总数: (10+15)×4 或 10×4+15×4	提问

（续表）

学科核心素养点	活动化学习设计	学习流程/活动化实施	评价方式
猜想、验证结论的思维方式、推理能力	活动二:探索交流,明理通法 1. 观察分类,明事实之理 引导学生仔细观察6道算式,组织学生对6道算式分类,并说明理由。 2. 猜想验证,明结构之理 (1)观察算式特点,引导学生提出猜想,并举例验证。 (2)出示合作探究活动要求。 3. 沟通联系,明算术之理 引导学生深入探究,再次提出问题:看到乘法分配律,你们还有什么问题? 引导学生沟通旧知,利用乘法意义解释算理。 4. 演绎推理,明内在之理 引导学生沟通分配律与交换律和结合律的联系。 引导学生结合具体的例子研究并进行说理。 想一想"(2+4)×3"还表示什么意思?	1. 观察分类 学生对算式进行分类并找出两类算式的共同点及左右两个算式的联系。 $(2+4) \times 3 = 2 \times 3 + 4 \times 3$ $(8+2) \times 5 = 8 \times 5 + 2 \times 5$ $(10+15) \times 4 = 10 \times 4 + 15 \times 4$ 2. 猜想验证 学生提出猜想,并在小组内举例验证,合作探究。 (1)学生举例验证—集体交流—教师利用计算机与学生合作全面验证。 (2)学生用自己的语言总结自己的发现。 (3)学生尝试用字母表达:$(a+b) \times c = a \times c + b \times c$。 3. 提问解释 学生提出问题,尝试解释算理。 (1)为什么两个数的和乘一个数与这两个数分别乘一个数再相加相等呢? (2)学生自己举例,尝试解释道理。 学生举例说明:$(10+2) \times 3$ 表示 12 个 3,$10 \times 3 + 2 \times 3$ 表示 10 个 3 加 2 个 3,也是 12 个 3,所以相等。 4. 联系说理 学生结合$(2+4) \times 3$进行推理。 (1) $$\boxed{(2+4) \quad \times 3}$$ $\underbrace{(2+4)+(2+4)+(2+4)}_{3个(2+4)}$ $\underbrace{2 \cdot 2 \cdot 2}_{3个2} + \underbrace{4 \cdot 4 \cdot 4}_{3个4}$ $$\boxed{2 \times 3 + 4 \times 3}$$ (2)从特殊到一般推理。 用字母进行推理。 $(a+b) \times c = a \times c + b \times c$。	观察猜想验证 提问展示汇报

（续表）

学科核心素养点	活动化学习设计	学习流程/活动化实施	评价方式
运算能力 模型思想	活动三：应用模型，迁移类推 1.填一填 (13＋17)×5＝13×5＋17×5 (125＋7)×8＝125×8＋7×8 48×6＋52×6＝(48＋52)×6 2.用一用 (1)一套故事书由上、下两本组成，上册每本 12 元，下册每本 8 元，李老师要买 6 套，一共需要多少元？ (2)一张桌子 125 元，一把椅子 50 元，张阿姨买了 8 张桌子和 8 把椅子，一共要花多少元？	1. 学生独立解决 2. 集体交流 3. 反思订正	练习
检测与作业	1. 教材 26 页做一做。 2. 教材 27 页的第 4、5 题。		
学习活动反思	你们有什么收获？我们从老师的菜园里观察算式得到了一个规律，提出了自己的猜想，然后又举了大量的例子进行验证，有的同学还想到用推理的方法进行验证，得到了这个结论，又进行了实际应用，其实"猜想—验证—结论"是我们研究问题的常用方法。 根据它，那三个数或更多数的和乘一个数，或者两个数的差乘一个数、再或者两个数的和除以一个数，规律还会存在吗？请同学们用这样的方法，课下继续研究。		

（临沂市沂堂中心小学 王永胜提供）

我们已经站在素养教育的新时代，学生素养发展必然通过活动机制才能发生，因此我们的教学改革必然选择活动教学，只有活动教学改革才能拯救我们的课堂教学，拯救我们的教师和学生，拯救我们的学校。活动教学运用"学生能动活动机制"促进学生素养形成，大面积提高教学质量，教师发展、学生减负以及教研转型、师德教育、品牌提升等难题都能得到有效破解，教学改革的愿望才能真实发生。只有通过活动教学,才能使有效教学真正地发生,才能使教育的有效性真实地发生,特色品牌、名师成长、核心素养、立德树人才能真正落地。

三、教学设计创新

全区整体教学改革正在实现着从活动教学到"素养·活动"教学的超越,真正是学生发展核心素养落地的有效实践。"素养·活动"教学坚持以学习为中心,先学后教、以学定教、以学评教,一切为了学生发展核心素养、为了核心素养的形成与发展。

(一)"素养·活动"教学目标设计

(1)确立依据:首先是课程标准,其次是核心素养,再次是学科核心素养、阶段目标、单元目标、教材导语、文本特色等。

(2)教学目标的素养化表述(学习目标):对照课程标准,将教学目标用"五个基本要素"表述,转化为学习目标。

(3)五个基本要素:行为主体、行为动词、行为条件、行为对象和行为标准。①行为主体:学生(学生是学习的主体);②行为动词:可测量、可评价、可理解。可运用"说出、指出、写出、感受、解释、复述、读准、默写、背诵、划分、使用"等行为动词,对学习结果能做出明确具体的规定,可操作性强,便于观察和测量,避免使用"认识、领会、把握"等抽象笼统的词;③行为对象要明确:行为对象是指确定的学习行为所涉及的内容,主要说明教学过程中学生确定的学习内容。如"在反复朗读中感受演讲词语言感情丰富、富有鼓动性的特点";④行为条件:产生目标指向的结果;⑤行为标准采用三种方式:一是用完成行为的时间来衡量行为的表现,如"五分钟内完成";二是用完成行为的准确率来衡量行为的表现,如"准确无误";三是用完成行为的成功特征来衡量行为的表现,如"至少有的学生"。

例如:

"学生   在自由朗读全文、自主思考的基础上,   画出   与主题关联密切的
(行为主体) (行为条件)   (行为动词) (行为标准)

句子或短语; 通过自学, 学生 能迅速无误地   读出   5个生字。"
(行为对象) (行为条件) (行为主体)(行为标准) (行为动词) (行为对象)

(二)学习任务提炼与设置

(1)学习目标转化学习内容。

(2)学习内容的任务化表达。

(三)学科活动设计

1. 活动设计

"素养·活动"教学改革中的活动包括学生的活动、教师的活动。

(1)活动分类。完整的活动由外部活动和内部活动构成。学生主体外部活动主要指学生主体的感知、操作、言语等活动,常见的有听讲、观察、操作、练习、交往活动、社会实践等;学生主体的内部心理活动,主要包括知、情、意三个方面,即认知活动、情感活动和意志活动。

(2)活动学习实施模式。根据活动学习特点,活动学习模式包括:操作活动学习模式(如劳动操作、测量、制作、乐器演练、投掷跑跳等),探究活动学习模式(如提问、讨论、试验、小发明等),考察活动学习模式(如现场观察、生活体验、社会调查、人物访问、道德践行等),艺术活动学习模式(如艺术表演、艺术制作等),交往活动学习模式(如演讲辩论、焦点访谈等),阅读活动学习模式(如课堂阅读、自由阅读、资料查阅等)。

(3)活动设计策略。①以适切的学习目标为导向;②创设基于真实问题情境的学习任务;③设计多样化的活动交互形式;④形成学习活动设计质量的评价框架。

2. 学科教学活动设计原则

这里的活动包括学生的学习活动、教师的教导活动,教师的教导活动服务于学生的学习活动。

(1)活动必须与学科核心素养密切关联,充分体现学科特质。

(2)符合学科课程标准要求,体现本学科基础知识、能力的教学。

(3)遵循学生年龄特点和学生成长规律等。

(4)学生活动是主动、能动的文化性活动。

3. 活动的提炼和组织

(1)学科活动。挖掘和提炼体现本学科特点,独特而关键活动及其活动方式。各学科要通过集体备课、研讨,梳理、提炼体现本学科特点、与学科素养密切关联的学科学习活动的关键动词到底有哪些。

（2）教师的教导活动（备课）。主要为学生学习活动服务的教学指导活动，包括组织、规划、策划、设计、搭建展示平台、评价激励等，以及为学生学习提供学科课程资源等。

（四）活动学习案设计（格式）

（1）学习目标（素养的生本转化）呈现。

（2）教导学习方案（双案合一）。引导学生熟悉本节课所要具备的基础，包括基础知识分析、背景知识了解、学习重难点及学习所需直接经验获得等。

任务一：

活动1.

活动2.

……

任务二：

活动1.

活动2.

……

任务 N：

……

学生问题（疑难）反馈：1、2、3……

（3）作业设计与学业成绩检测。

（五）"素养·活动"课堂教学结构与实施

1. 课堂教学结构：两段三步

两段：导学案引导下的自学阶段，教师教导下的学习阶段。第一阶段：学生自学；第二阶段：教师教导下的课堂教学过程。

三步：个体自学、小组互学、全班共学，即自学—合作学习—全班共学。

此阶段是在学生依据导学案引导下完成个体学习，教师直接介入或指导下的学生小组和全班学习的阶段。

特征："问题导学"，问题化学习。此处的问题是指学生自学教师设计的任务（活动）中遇到的问题，不是指教师提出的问题。

在课堂教学环节，以学生自学后暴露的问题为教学的对象和教学过程组织的线索,指导学生以小组或全班展开学习。

学生的问题包括:经验是否具备的问题,知识理解的问题,技能训练的问题,情感把握的问题。

(1)小组学习活动指导。以学生自学后存在的问题组织小组教学。

应该如何设计小组活动? 可这样思考:小组可能(最适合)用来做些什么? 本节课学生自学后遇到的问题需要小组做些什么? 将"小组可能做的"与"需要小组做的"相结合,即形成小组活动的设计。

小组可以适合用来完成如下工作:①组内检查学生自学导学案的情况,给每个学生自学情况进行评价;②互相解答自学中遇到的疑难问题和分享学习经验;③通过对话、交流,训练技能(如听、说、读)、获得情绪感染;④汇集本组不能解答及存在的问题。

教师应做的工作:了解各小组的学习状况,并对各小组学习情况进行评价;对个别小组的特殊问题针对该小组成员进行解答;了解全班多数小组存在的共性问题。

(2)全班学习活动指导。以全班学生在自学和小组学习后仍然解决不了的共性问题组织教学。

全班活动如何设计? 全班教学可能(最适合)用来做些什么? 学生个人及小组学习后的问题需要全班做些什么? 将"全班教学可能做的"与"需要全班教学做的"相结合,即形成全班活动的设计。

(3)全班教学可以完成如下工作:

第一,教师组织集中研讨大多数小组存在的共性问题和分享小组学习中形成的典型经验(如思想观点、情感体验、学习方法等)。

可以通过代表性的小组展示、其他组补充、教师点拨、师评或生评的方式进行。

第二,教师就重点的问题或内容对学生进行讲解、通过创设情境(特别是利用班级集体活动所形成的氛围,如语文中的齐读、学生讲的故事、学生小组的表演、教师激发全体学生的情绪等)对学生进行情绪感染、提供大的背景资料(讲授的、文字的、视频的)辅助学生深化理解,等等。

第三,教师提出学生没有注意到的关键问题进行研讨。

第四,教师引导学生对本节课的知识结构进行整理、对自身学习过程进行反思。

第五,提供学生展示平台。全班展示也是驱动学生个体及小组合作学习的动机。有时,为了增加学生学习的动力,适当组织学生以小组为单位进行全班展示也是有积极意义的。当然,全班展示若能与"(1)"的共性问题研讨及典型经验分享结合,会产生叠加性的效果。

第六,组织学生对各小组学习进行评价。

"小组活动+全班活动"可以按活动学习案设计中的一个任务为单位完成,即一个任务以一轮"小组活动+全班活动"完成;一个任务完成后再进行下一个任务。如果任务不多,或者有些任务学生学习问题不大,或者本讲内容学习任务不易清晰划分,也可将所有任务放在一起进行一轮"小组活动+全班活动"。

学生在活动学习案的引导下,先行自学,通过自学,发现学习中遇到的问题或困惑;然后,学生将自己学习中的问题收集整理,进行四人一组的小组合作学习,通过讨论,在教师指导下,解决了自学遇到的问题,但仍存在或新发现了一些疑难或问题;学生以小组为单位将这些新发现的或仍然没能解决的疑难问题,提交给班级,进行共学。在教师指导下,发挥全班师生智慧,共同分析、解决问题,全部完成教学任务,实现教学目标,形成学生素养。

"素养·活动"教学改革实验撬动了学校教育教学综合改革,全区中小学课堂教学正在发生着一场静悄悄的革命,在学校、课程、教师、课堂等方面涌现出了许许多多的先进典型,促进了教育教学质量的普遍提升,这就更加坚定了"素养·活动"教学改革实验的决心和信心。"素养·活动"教学改革实验工作已经推进到了科学假设的验证阶段,今后将继续遵循学生素养形成规律、教师成长和学校教育教学规律,充分依托学科基地和实验学校载体平台,以区域"素养·活动"教学理念和课堂教学范式为指导,积极推进以学校和学科为单元的"素养·活动"教学整体改革,认真发现、总结、提炼和推广课改典型和经验,期待课改中每位教师、每所学校立足自身优势,在学校、课程、教师、课堂转型和教育教学质量提升方面,力争有一个大的超越,不断迈向一个新台阶!

四、评价导引变革

我们认为,评价是制约课堂实现实质性转型的关键要素,过去的课堂评价只注重了教师教得如何,忽视了学生学得怎么样,最终导致学生的课堂主人地位始终得不到贯彻。为此,罗庄区精心研制了《中小学课堂教学评价改革指导纲要》,通过课堂教学评价改革,彻底扭转过去"以教评教"的弊端,重建"以学评教"的新型课堂教学评价体系,推行以"评价导引"为机制的课堂教学评价,推进学生发展核心素养在课堂落地。

(一)指导思想

以习近平新时代中国特色社会主义思想和党的十九大精神为指导,全面贯彻《关于全面深化课程改革落实立德树人根本任务的意见》和《中共中央国务院关于深化教育教学改革 全面提高义务教育质量的意见》《国务院关于新时代推进普通高中育人方式改革的指导意见》等文件精神,认真落实区委区政府和区教育体育局关于全区教育综合改革重大部署以及全区年度教育发展计划要求;顺应教育改革立德树人和时代新人目标要求,破除顽固性"五唯"评价思想观念,将教育教学的行为统一到学生核心素养培养和育人目标上来;坚持以"素养·活动"教学改革为总抓手,以课堂教学评价改革为突破口,坚定不移发展素质教育,落实立德树人的根本任务,努力把学生培养成为个性、全面、和谐的时代新人。

(二)课堂教学评价改革的目标

教育评价要评价的,不仅是学生知识数量的增长和分数提高,更重要的是评价学生活动及其形成的素养,最终促进教师和学生的健康和可持续发展。

(1)通过教学评价改革,实现教育目的,让学生在经历活动学习之后,在目的与结果之间达成教育增值,激发学生活动学习的兴趣、动机和积极性,唤起学生成长的正能量,促进学生个体生命的健全成长,构建以学习为中心的课堂教学体系。

(2)通过教学评价改革,实现"教—学—评"一致性回归,构建"教—学"成长共同体,让教学打开学生生命,让教学重回"目的—方案—评价"的实践逻辑。

(3)通过改革传统以教评教的评价办法,重建基于学生素养发展的以学论教的评价性机制。同时,彰显教师的教育智慧,提高教师的评价素养,促进教师的专业发展。

(三)评价改革的原则

评价是一种价值判断的活动,是对客体满足主体需要程度的判断。教育评价是对教育活动满足社会与个体需要的程度做出判断的活动,是对教育活动现实的或潜在的价值做出判断,以期达到教育价值增值的过程。基于学生发展核心素养的课堂教学评价要遵循以下原则。

1. 人本性原则

素养是人的素养,素养与活动密切相关,考察一个人的素养是否形成必须通过活动得到检验。基于此,评价改革要坚持以人为本,尊重生命成长的规律和活动成长中的学习规律,促进学生素养的形成。要关注学生的发展核心素养,引导课堂教学促进学生学会学习,根据自身的学习品质积极探寻适合自身发展的学习方式,探索运用现代信息技术丰富学习资源,积极优化学习方式,提升学习效益,促进学生的全面发展。

2. 整体性原则

学生是一个完整的生命成长体,在成长过程中知识在增加、情感在发展、价值观在形成。人的任何一种素养的形成实际上是以人的整体生命结构(生理和心理)为根基的;活动是人的活动,活动是整体的和相互联系的,活动体现生命的整体性;这种评价确保了课堂教学是一个完整的、平衡的生态结构。在整体视野下,课堂教学要素不是零散存在的,对于课堂教学评价不是对其中某一要素进行单一性评价,也不是将各要素的评价结果进行简单相加,而是将课堂教学看作各要素整体作用的结果,立足于目标、环境、内容、过程、方式、效益等方面进行整体建构,对学生核心素养养成所做出的贡献和影响,形成课堂教学整体性描述,达成评价目标的整体性表达。

3. 多元性原则

每个学生由于其生活背景不同,年龄、性格不同,知识基础有高有低,在评价学生学习时,要因人而异,要根据每个学生的学情基础,进行个性化评价。评价犹如一把尺子,多一把尺子多一批好学生。在素养活动教学中,我们要根据加德纳多元智能理论,树立多元评价的理念,坚持评价主体和评价方式的多元化,聚焦形成学生发展核心素养。

4. 发展性原则

学生发展不仅是知识的增长、技能的形成,更重要的是思想境界和心理适应能力的提升,学生素养的形成是一个完整动态的过程。因此,课堂教学评价应以学生全面发展作为根本评判标准。同时,素养是学生在长期活动积累过程中形成的,教学评价要从知识体系转向成长体系,把评价对象从教师的教学表现转向学生成长,以发展的眼光推进学生核心素养的落实,关注学生的终生发展,将学生发展放在评价中心。

(四)课堂教学评价改革内容及范式构建

教学有传递式教学和活动式教学两种形式。核心素养时代要求我们主张以学习为中心的活动教学,以活动教学为主,以少量传递式教学为辅。因为当且仅当,只有活动学习才可以促进学生素养的真实形成。我们必须对传统教育评价进行彻底反思与重构,确保学生发展核心素养的落地。

传统教育评价有着严重的缺陷,是典型地从教的角度而不是从学的角度设计课堂教学评价体系,以教评教,以教师为中心来评价,违背了课堂教学的初衷,抑制了学生的健康成长。那么,课堂评价改革要"改"到哪里去? 就是将以往的以教评教调整到基于学生素养发展的"以学评教"轨道上,实现以评促教、以评促学的目的。

评价学生活动及素养要以中国学生发展核心素养校本表达和学科表达为前提,以评价导引的整体框架为依托,实施科学和专业化的评价。评价导引分为三级指标,一级指标包括"核心素养表达""活动学习案实施""核心素养生成"。①

二级指标分为:素养的学科提炼、与素养关联的活动设计;个体自学、小组互学、全班共学、资源运用;学科核心素养与活动关联性及有效实施。

三级指标即评价要素、观测点与评分办法、权重、评分。

核心素养的表达又分为"素养的转化与表述"和"与素养关联的活动设计"。

1. 核心素养的转化与表述

观测点:①本节课学科核心素养提取与表述;②反映学习规律和学科特性的活动主题确定;③与素养关联的教学主题大单元策划。

3 个观测点完全达到要求为优秀(15~20);

3 个观测点均基本达到要求为良好(11~14);

2 个观测点基本达到要求为合格(6~10);

0~1 个观测点基本达到要求为不合格(0~5)。

此项评价活动整体权重设为 20 分。

---

① 袁振国. 追求卓越　对话世界[M]. 北京:教育科学出版社,2012:226-234.

2. "与素养关联的活动设计"中"对应学科素养的活动学习案编制"

观测点:①活动学习目标分解表述;②与主题(项目、任务等)相关活动内容选择与结构确定;③与素养关联的大单元活动案编制。

3 个观测点完全达到要求为优秀(15~20);

3 个观测点均基本达到要求为良好(11~14);

2 个观测点基本达到要求为合格(6~10);

0~1 个观测点基本达到要求为不合格(0~5)。

此项评价活动整体权重设为 20 分。

活动学习案实施分为"个体自学、小组互学、全班共学、资源运用"4 个大的方面。每一方面又细化了具体观测点。

第一,个体自学。

学生自主学习能力。

观测点:①活动内容组织和过程激发指导;②学生独立学习和自主把握知识总体状况;③学生独立解决问题并发现自己不能解决的问题。

3 个观测点完全达到要求为优秀(8~10);

3 个观测点均基本达到要求为良好(6~7);

2 个观测点基本达到要求为合格(3~5);

0~1 个观测点基本达到要求为不合格(0~2)。

此项评价活动整体权重设为 10 分。

第二,小组互学。

小组合作学习有效性。

观测点:①学习小组机制健全;②小组检查和评价学生自学情况;③互答自学遇到的难题和分享学习经验;④小组成员对话、交流和互动性强;⑤小组协作完成较大学习任务;⑥组织整理学习心得和发现学生共性问题。

6 个观测点完全达到要求为优秀(8~10);

6 个观测点均基本达到要求为良好(6~7);

3 个观测点基本达到要求为合格(3~5);

0~2 个观测点基本达到要求为不合格(0~2)。

此项评价活动权重设为 10 分。

第三,全班共学。

个体和小组有关共性和关键问题得到有效解决。

观测点：①共性问题集中研讨、典型经验展示分享；②总结交流知识结构和反思学习过程；③重点问题理解与突破；④对各组学习状况进行评价。

4个观测点完全达到要求为优秀（8～10）；

4个观测点均基本达到要求为良好（6～7）；

2个观测点基本达到要求为合格（3～5）；

0～1个观测点基本达到要求为不合格（0～2）。

此项评价活动权重设为10分。

第四，资源运用。

（1）信息技术运用和教学资源运用情况。

观测点：①信息技术运用的有效性；②课程资源整合的合理性；③学习资源开发的教育性。

3个观测点完全达到要求为优秀（8～10）；

3个观测点均基本达到要求为良好（6～7）；

2个观测点基本达到要求为合格（3～5）；

0～1个观测点基本达到要求为不合格（0～2）。

此项评价活动权重设为10分。

（2）核心素养生成。

学科核心素养与活动关联性及有效实施：通过观测素养培养目标达成情况来展现（由评委根据学习活动内容和教师设定的学习目标现场命题，随机抽取10名以上学生进行检测）。

90%以上达到要求为优秀（15～20）；

75%～89%达到要求为良好（11～14）；

60%～74%达到要求为合格（6～10）；

59%达到要求为不合格（0～5）。

此项评价活动权重设为20分。

"评价导引"彻底打破了以教评教、以教评学的旧框框，把学生学习、学生成长和学生素养放在了课堂教学的正中央，建立了以学评教的新型课堂评价体系，使评价更加人性、科学、专业，更加符合师生生命发展规律，如表5-4所示。这种评价既是一种对学生成长的评价，也是一种对教师发展的评价。通过师生成长评价，使课堂成为师生共同学习、共同成长的共同体，使课堂成为师生共享智慧的精神家园。

表 5-4　中小学课堂教学评价导引表

一级指标	二级指标	评价要素、观测点与评分办法	权重	评分
核心素养表达	素养的学科提炼 / 核心素养转化与表述	观测点:本节课学科核心素养提取与表述;反映学习规律和学科特性的活动主题确定;与素养关联的教学主题大单元策划。3 个观测点完全达到要求为优秀(15~20);3 个观测点均基本达到要求为良好(11~14);2 个观测点基本达到要求为合格(6~10);0~1 个观测点基本达到要求为不合格(0~5)。	20分	
	与素养关联的活动设计 / 对应学科素养的活动学习案编制	观测点:活动学习目标分解表述;与主题(项目、任务等)相关活动内容选择与结构确定;与素养关联的大单元活动案编制。3 个观测点完全达到要求为优秀(15~20 分);3 个观测点均基本达到要求为良好(11~14 分);2 个观测点基本达到要求为合格(6~10 分);0~1 个观测点基本达到要求为不合格(0~5 分)。	20分	
活动学习案实施	个体自学 / 学生自主学习能力	观测点:活动内容组织和过程激发指导;学生独立学习和自主把握知识总体状况;学生独立解决问题并发现自己不能解决的问题。3 个观测点完全达到要求为优秀(8~10 分);3 个观测点均基本达到要求为良好(6~7 分);2 个观测点基本达到要求为合格(3~5 分);0~1 个观测点基本达到要求为不合格(0~2 分)。	10分	
	小组互学 / 小组合作学习有效性	观测点:学习小组机制健全;小组检查和评价学生自学情况,互答自学遇到的难题和分享学习经验;小组成员对话、交流和互动性强;小组协作完成较大学习任务;组织整理学习心得和发现学生共性问题。6 个观测点完全达到要求为优秀(8~10 分);6 个观测点均基本达到要求为良好(6~7 分);3 个观测点基本达到要求为合格(3~5 分);0~2 个观测点基本达到要求为不合格(0~2 分)。	10分	

（续表）

一级指标	二级指标		评价要素、观测点与评分办法	权重	评分
活动学习案实施	全班共学	个体和有关共性和关键问题有效解决	观测点:共性问题集中研讨、典型经验展示分享;总结交流知识结构和反思学习过程;重点问题理解与突破;对各组学习状况进行评价。4个观测点完全达到要求为优秀(8～10分);4个观测点均基本达到要求为良好(6～7分);2个观测点基本达到要求为合格(3～5分);0～1个观测点基本达到要求为不合格(0～2分)。	10分	
	资源运用	信息技术运用和教学资源运用情况	观测点:①信息技术运用的有效性;②课程资源整合的合理性;③学习资源开发的教育性。3个观测点完全达到要求为优秀(8～10分);3个观测点均基本达到要求为良好(6～7分);2个观测点基本达到要求为合格(3～5分);0～1个观测点基本达到要求为不合格(0～2分)。	10分	
核心素养生成	学科核心素养与活动关联性及有效实施	观测素养培养目标达成情况	由评委根据学习活动内容和教师设定的学习目标现场命题,随机抽取10名以上学生进行检测。90%以上达到要求为优秀(15～20分);75%～89%达到要求为良好(11～14分);60%～74%达到要求为合格(6～10分);59%达到要求为不合格(0～5分)。	20分	

五、"素养·活动"教学改革应避免的误区

(一)走出"把目的(需要)当规律"的误区

"素养·活动"教学改革是一项既合目的性、又合规律性的教改实验。一方面有着明确的目的和方向,即提升质量、打造品牌、教研转型和立德树人;另一方面,各个方案和环节的策划设计又符合学生发展的规律和教育发展规律。课

改实验学校、学科基地要按照方案设计,创造性地加以实施,方能取得预期效果。如果在落实过程中,将需要(目的)代替规律,对方案照搬照抄或背离方案,按照自己的主观臆断,另行一套,绝对不能达到预期目的,且造成的后果将不堪设想。

(二)走出"把手段当目的"的误区

马克思主义劳动实践辩证法告诉我们:做任何事情都要遵守:"目的(需要)—方案—评估"这一根本遵循。

过去,我们总是习惯于把手段当成目的,把研究当成目的,认为一项课题结题形成了报告,一堂课把知识讲授完了,就以为达到目的了。其实,从研究报告到形成方案,再化为实践,还有一段很长距离;即使研制形成了实施方案,只是实现教育目的一个手段而已。陶行知把"教学生学"作为"好先生"的标准,而不把"教书""教学生"的老师作为"好的先生"看待。这里,即使"教学生学"了,学生的素养也还不一定形成。我们一定牢记手段、工具不是目的。一项方案研制出来,要达成学生素养形成的目标,还需要以活动机制作保障,通过一定策略和路径,最后有无效果,还要通过评估和实践检验,才能达到实现如期目的。

(三)走出"盲人摸象、见树不见林"的误区

"素养·活动"教学改革是一项整体改革,无论是就素养还是就活动而言,都是源自生命的整体力量和文化力量,要把素养、活动等核心概念放在教育发展和人生发展整体框架来考量和设计,形成系统整体的改革方案。如果对方案中无关大局的某一段落或某一字句吹毛求疵,则无异于"盲人摸象"。方案中的某些概念是在素养时代背景下,具有特定意义和特定语境的,如果离开特定情境进行断章取义,也无异于"只见树木、不见森林",至少说明自己的格局不够。对学校教学改革的整体设计,必须在认真研究的基础上,立足校情和学情,对系列方案创造性地加以运用,直至抓出成效。

(四)走出"刻舟求剑"的误区

马克思主义的认识论遵循"实践—认识—再实践—再认识"的发展规律。核心组在"素养·活动"教学改革的研究过程中,对其中的核心概念或关键词等发生了几次认识上的深化,如课改实验形成了"素养·活动"教学、活动学习、活动学习案等概念。每个人的认识是不断深化与发展的,"变是永远不变"的道

理。在今后的实验研究和推进过程中,要以发展的眼光对待改革实验,对待学校和教师;对"活动教学"理论要创造性地理解,绝不可用静止的观点和停滞不前的态度看待这项实验。

这项改革是以区域为单位整体推进的教育综合改革,符合以县为主的教育管理体制;在改革实验中,教育变革的三大主体有利益主体、决策主体和行为主体。实验坚持行政推动、学校主体、人人参与的原则,既与罗庄教育全局工作密切配合,又与区域规划、研训计划衔接一致,也与学校整体工作紧密沟通,有力地增强了不同教育发展主体的责任意识与能力,为实验取得成功提供了根本性的保障。

历史和时代对教育进行新的坐标定位,责任和使命把我们推到了改革的前沿,道义和勇气重新催醒我们的行动自觉,让我们用活动教学改革实验,把我们的教育初心凝聚起来,努力把教育办好,把学生发展好,把质量提升起来,让课堂面貌、学校面貌发生一个大改观,让教育真正焕发出生命创造的活力。

参考文献

[1] 沈兰,郑润洲. 变革的见证——顾泠沅与青浦教学实验 30 年[M]. 上海:上海教育出版社,2008.

[2] 陈佑清. 学习中心教学论[M]. 北京:教育科学出版社,2019.

[3] 陈佑清. 在与活动的关联中理解素养问题[J]. 教育研究,2019(06):64-67.

[4] 叶澜. 教育概论[M]. 北京:人民教育出版社,2006(8):211-214.

[5] 姚虎雄. 从"知识至上"到"素养为重"[J]. 人民教育,2014(06):56-59.

[6] 余文森. 核心素养导向的课堂教学[M]. 上海:上海教育出版社,2017.

[7] 陈佑清. 在与活动的关联中理解素养问题[J]. 教育研究,2019(6):64-67.

[8] 安启念. 通往自由之路——马克思哲学思想研究[M]. 中国人民大学出版社,2016:326-332.

[9] 林崇德. 中国学生发展核心素养:深入回答"立什么德、树什么人"[J]. 人民教育,2016(19):14-16.

[10] 林崇德. 21 世纪学生发展核心素养研究[M]. 北京师范大学出版社,2016:260-274.

[11] 赵祥麟,等. 杜威教育论著选[M]. 上海:华东师范大学出版社,1981:12-18.

[12] 余文森. 论学科核心素养形成的机制[J]. 课程·教材·教法,2018(01):4-14.

[13] 胡红杏. 项目式学习:培养学生核心素养的课堂教学活动[J]. 兰州大学学报,2017(06):12.

[14] 李吉林. 为儿童快乐学习的情景教学[J]. 课程·教材·教法,2013(02):17-19.

[15] 郭华. 基于深度学习的教学改进[J]. 教育科学论坛,2015(02):24-25.

[16] 袁振国. 追求卓越 对话世界[M]. 北京:教育科学出版社,2012.

[17] 潘洪建. 关于活动学习几个问题的探讨[J]. 课程·教材·教法,2009

(04):3-7.

[18] 田慧生,郁波. 活动教学研究[M]. 武汉:湖北科学技术出版社,1999:5-8.

[19] 阿·尼·列昂捷夫. 活动 意识 个性[M]. 上海:上海译文出版社,1980.

[20] 崔允漷. 学科核心素养呼唤大单元教学设计[J]. 上海教育科研,2019
(04):1-2.

[21] 张天宝. 主体性教育[M]. 北京:教育科学出版社,2001.

[22] 黄光雄,蔡清田. 核心素养课程发展与设计新论[M]. 上海:华东师范大学
出版社,2017.

[23] 陈佑清. 教学论新编[M]. 北京:人民教育出版社,2011.

[24] 王喜斌. 学科"大概念"的内涵、意义及获取途径[J]. 教学与管理,2018
(08):24.

[25] 黄光雄,等. 核心素养课程发展与设计新论[M]. 上海:华东师范大学出版
社,2017:3-10.

[26] 夏心军. 课堂教学评价:学生发展核心素养取向[J]. 中小学教师培训,
2018(07):31.

[27] 张慧群. 学科核心素养与学科课程群[M]. 华东师范大学出版社,2019:
215-231.

[28] 崔允漷. 如何开展指向学科核心素养的大单元设计[J]. 人民教育,2019
(02):11-15.

[29] 安富海. 促进深度学习的课堂教学策略研究[J]. 课程·教材·教法,2014
(11):57-61.

[30] 杨玉琴,倪娟. 深度学习:指向核心素养的教学变革[J]. 当代教育科学,
2017(08):43-46.

[31] 崔允漷. 学科核心素养呼唤大单元教学设计[J]. 上海教育科研,2019
(04):1.

[32] 滕珺,等. 对项目式学习的再认识:"学习"本质与"项目"特质[J]. 中小学
管理,2018(02):5-7.

[33] 李人,夏晓菲. 促进深度学习的项目式学习教学策略[J]. 教育导刊,2020
(04):48-54.

[34] 周业虹. 实施项目式学习发展学科核心素养[J]. 中小学教师培训,2018
(08):33-37.

[35] 林崇德. 中国学生发展核心素养:深入回答"立什么德、树什么人"[J]. 人

民教育,2016(19):1-6.

[36] 杨向东. 核心素养与我国基础教育课程改革的关系[J]. 人民教育,2016
　　　(19):1-7.

[37] 余文森. 核心素养与三维目标:从三维目标走向核心素养是课改深化的标
　　　志[J]. 人民教育,2016(19):1-2.

[38] 任学宝. 核心素养培育要落实到学科教学的四个层次[J]. 人民教育,2017
　　　(3-4):1-7.

[39] 辛涛,姜宇. 全球视域下学生核心素养模型的构建[J]. 人民教育,2015
　　　(09):1-9.

[40] 宋宁娜. 活动教学论[M]. 南京:江苏教育出版社,1996.

[41] 阎立钦. 创新教育[M]. 北京:教育科学出版社,2000.

[42] 赵承福,陈泽河. 创造教育研究新进展[M]. 济南:山东人民出版社,2002.

[43] 叶澜. 论影响人发展的因素及其发展主体的动态关系[J]. 中国社会科学,
　　　1996(03):83-87.

[44] 余文森. 试析传统课堂教学的特征及弊端[J]. 教育研究,2001(05):50-52.

[45] 教育部课题组. 深入学习习近平关于教育的重要论述[M]. 北京:人民出
　　　版社,2019.

[46] 杨莉娟. 活动教学的内涵、立论基础及其价值[J]. 东北师范大学学报,
　　　1999(03):87-91.

[47] 杨莉娟. 活动教学与建构主义学习观[J]. 教育科学研究,2000(04):12-19.

[48] 田慧生. 关于活动教学几个理论问题的认识[J]. 教育研究,1998(04):46-
　　　50.

[49] 李臣之. 活动课程的再认识:问题、实质与目标[J]. 课程·教材·教法,
　　　1999(11):20-23.

[50] 潘洪建. 我国活动课程发展70年[J]. 课程·教材·教法,2019(06):31-
　　　37.

[51] 苗成彦,徐正烈. 美好教育之道[M]. 青岛:中国海洋大学出版社,2020:15-
　　　96.

[52] 苗成彦. 追寻真正的教育[M]. 海口:海南出版公司,2019.

[53] 苗成彦. 四节联动 整体育人:综合课程建设的区域推进[J]. 中小学管理,
　　　2019(04):48-50.

后　记

一场追寻育人方式变革的区域探索

只有课堂改变,教育才会改变;只有教育改变,学生才能真正发生改变。2020 年 8 月,临沂市罗庄区围绕中国学生发展核心素养"落地"问题,展开了一场指向课堂转型旨趣的理论专家、本土专家、校长和教师等各层面、交互式的大论坛,开启了以"素养·活动"为核心概念依托的第二轮课堂革命的序幕。

近年来,罗庄区致力于打造区域教育"金名片",以落实立德树人根本任务为教育决策的核心要义,深入推进基础教育课程综合改革,区域教育教学质量连年攀升。然而,不甘落后的罗庄教育人,面对基础教育进入素养时代带来的新挑战,认真分析当前学校教育面临的"课堂中心、教师中心、知识中心""旧三中心"问题,以及课堂教学效率低、学生核心素养发展不全面等短板,坚持"素养为重、学习为本"的教学改革理念,将改革之箭再次瞄准课堂教学,演绎了一场以课堂革命为核心的课改交响曲……

顶层设计,系统规划,高水平持续性推进

临沂市罗庄区作为一个建区仅 26 年的崭新城区,也和全国一样经历了第八次课程改革。面对人民群众对美好教育的高需求,罗庄教育人将改革触角对准课堂教学这个核心地带,对 2008 年以来的课堂改革进行刨根分析,以往的课堂教学改革要么是"一头热",只有自上而下的强行推进;要么是外出学习模仿,盲目移植,学了一阵子,到头来是"水土不服";要么是单调片面,碎片化地推进。这些改革初衷虽然很好,但是最终不能取得最佳效果。究其原因,根本在于缺乏改革的文化土壤和群众基础,不能从根本上唤醒教师、学生和家长的生命自觉和教育自觉。

2019 年 12 月 10 日,这是一个平常的日子。罗庄区教育和体育局党组成员、区教学研究中心主任崔广胜招来几个课改的"老搭档"商谈,"别看咱区的教育质量在当地是最好的,但要和发达地区相比,我们的差距还很大。我们要做

区域课改的领跑者,今天不改革,明天就会落伍,要多为百姓孩子的未来着想。"崔广胜如是说。

课堂是立德树人的主阵地。为了深度推进课堂教学改革,本次改革坚持项目引领,将素养立意的课堂教学改革列为区域重大课题专项,先是组建课改核心组织,为这次课改确立共同愿景,一改以往单纯"自上而下"的决策机制,实行"自上而下和自下而上结合"的课改决策,把学生发展的需求放在"正中央"。

2020年3月6日,课改核心组设计了8大类、42个问题的调查问卷,面向全区中小学教师、校长、学生以及部分学生家长开展"问卷星"调查。"教师教、学生学,教师讲、学生听"……这种学生被动学习、被动成长的沉闷局面必须被打破,学生素养发展才能看到希望。

为了彻底改变多年来积习已久的教学机制,课改组在调研报告基础上吹响了重构课堂的号角,扭转当今"要么重知识、轻经验,要么重经验、轻知识"的课堂极端逻辑,决定将"活动"引入这次重大改革,实行"经验与知识融合"的大课堂教学。

过去的教学改革往往是一阵风,"剃头挑子一头热",花架子形式多,存在"五重五轻"(重点、轻面,重设计、轻落实,重学科、轻课程,重功利、轻持续,重眼前、轻长远)的问题,改革收效甚微。为了找到有效解决问题的答案,课改组上下求索:理论取经从杜威、泰勒到陶行知、陈鹤琴,再到叶澜、郭思乐、朱永新、田慧生、陈佑清等;实践问计从叶圣陶、邱学华、于漪、李吉林等;课改主张从"双基论"到"三维目标论"再到"核心素养论",纵横捭阖,博采众长,扬弃拿来……历经3个月,一项旨在引领罗庄课堂革命的"区域推进基于核心素养的活动教学整体改革研究与实验"纲领性文件正式出台。

课改团队聚焦"区域课改主张的思考与凝练":区域统筹、行政引领、学校主导、专业支撑、双线并行、典型带动、全员参与等"七大主张"的提出与确立,为罗庄区课堂教学研究与变革提供了方向和决策框架。同时,围绕"教学设计、课程建设、课堂评价"等核心概念,研制出台了《罗庄区基于学生发展核心素养的学校课程活动化构建指导纲要》《罗庄区基于学生素养发展的中小学课堂教学评价导引》等8个文件,为全区中小学课堂教学深度改革提供了依据和根本遵循。

这次课堂教学改革研究是一次回归本真的课堂革命,是真正实现学生发展核心素养的课堂实验,是以实证研究为基础、教育实验要素俱全的科学研究。这次"素养·活动"课改彰显了几大亮点:"国家课程校本化真正实施了,教学考一致性真正实现了,课程综合化有了新突破,立德树人根本任务真正落地了。"

这是一次经验与知识的融合的课改,"素养·活动"教学改革为落实中国学生发展核心素养找到了支点的力量。

价值引领,范式建构,高标准专业化实施

"我现在学习目的更明确了,学习有方向了,喜欢课堂,学得轻松,借助老师教导和创设的情境,遇到有些知识和难题自己也能解决了,自信心和学习进步比以前提高了许多……"临沂第四十中学七年级三班徐一诺同学说。这是"素养·活动"课改实验的一个缩影。

作为学科核心组成员、临沂第二十一中学孟军主任,回忆起自己以前的课堂教学只注重讲授,忽视了学生的学习需求,轻视学生学习的目标,到头来,费了九年二虎之力,学习成绩还是提高得很慢。课改组认为,这种情况不在少数,必须先摸清每位教师的课堂教学原来的样态,从中汲取有益成分,为重构基于核心素养的课堂教学新样态提供有益凭借。

怎样从根本上扭转传统课堂弊端,把学习的权利还给学生,以课堂转型推动实现育人方式的根本转变?

"回归常识、回归本分、回归初心、回归梦想。"为了给一线教师提供可参考、可遵循的教学范式,课改组带上任务,沉下心来,深入班级、教研组和课堂进行教学组织、备课、课例等方面进行全方位调研,全面摸透线上线下学生发展核心素养的培养规律。

自课改启动以来,核心组深入课堂听课500余节。2020年9月26日,课改组到临沂华盛实验学校听课调研,对课堂教学进行了全面总结,提炼出罗庄区中小学"五化"课堂教学范式,"五化"即"目标素养化、内容任务化、任务活动化、活动情境化、评价生态化"。

有了"素养·活动"教学改革的课堂教学范式,一线教师的课堂教学犹如有了课改的指路明灯,学校在校本教研、课程建设和教师培训等方面也有了根本遵循。任何改革从来都没有现成的路子可走,核心素养时代的课堂革命更是如此。罗庄区课改组坚持试点先行,在对基础好、有改革欲求、条件具备的学校、学科和教师进行充分权衡、反复分析之后,在全区遴选首批16所课改实验学校,43个课改基地,135名核心组成员。

聚焦核心素养的课堂到底是个什么样子?课改组从改革设计之初,心中就描画了一幅引导学生全面的、和谐的、能动的与可持续发展的课堂蓝图——基于核心素养培育,按照学生年龄特点相应构建体现学生发展规律的课堂模式:

小学阶段,构建活力课堂;初中阶段,构建思维课堂;高中阶段,构建卓越课堂。

培养核心素养的主要载体是学科教学。只有依托学科教研,才能促进学科核心素养的形成,学生发展核心素养才能逐渐培养起来。在这次课改中,每位学科教研员按照区域课改总体规划和学校发展需求,自主确立研究的核心课题,带领学科团队依托学科基地一起搞研究,一起破解课改中遇到的问题,与学校教师实现共同发展。先进的课改理念、行之有效的学科教研,促进了一批课改教师脱颖而出。2020年9月,全区中小学有68位教师参加临沂市优质课评比,37位老师获得一等奖,12人拟参加省优质课评比。

双线推进,全要素联动,高质量最优化落地

以往的教学改革侧重课堂,忽视课程配套建设,忽视教师课程意识的激发,改革动力不足,改革持久性不强。

"素养·活动"教学改革在强化课堂教学自觉的同时,让教师有了国家课程意识,也让教师课程领导力有了提升的机会,让学生的国家意识更加强烈起来,这在很大程度上得益于课改对"双线推进"的规定。

所谓"双线推进",就是除了课堂改革这条"落地线",同时还要并行推进课程建设这条目标线,最大限度地提升国家课程校本化实施水平和能力。

核心素养培育时代,需要什么样的课程意识?课程如何升级?要推进课程建设这条目标线,实现课程育人价值,首先要调整课程目标定位,引领核心素养培育;其次要强化五种课程意识,即"价值意识、本位意识、体系意识、统筹意识、开放意识";再次注重提升课程建设实战能力,加强对课程规划编制与设计,推动国家课程校本化实施和校本课程开发实践,教师课程意识和课程领导力和执行力有了较大提升。2021年5月,临沂第四十中学开发的《马克思主义少年说》课程、临沂高都小学开发的《稻花飘香》课程,先后在国家大赛中获特等奖。课程开发研究促进了学校的内涵发展,学生也更愿意参与到学校建设中。

如何让素养在罗庄区课堂上真实生长?"边研究,边实验;边总结,边推广",罗庄区"素养·活动"教学改革走出了一条别具特色课改之路。

价值引领,学习先行。为增强课改的针对性,罗庄区先期进行核心素养文件和学理学习培训,先后编印国内外先进教改理论供全区教师学习,同时利用寒暑假大讲堂进行高端培训;在教研员层面,实行"共读一本书"活动,开展学科教研员论坛,进一步凝聚改革共识,同时提升教改的实操能力。

每当改革发展到一定阶段,遇到普遍性的难题或需要总结提升的时候,课

改组就举办一次推进会,以求得新突破和新发展。截至目前,这次课改共举办 3 次大型整体推进会、6 次学段学科推进会。"区域课改主张构建与认同""五化理念与实施""学段课堂范式构建""思维课堂建设与思考""教学设计指南"……"每次推进会都有一个主题,每次会议都有一个亟待破解的难题,每次会议都有满满的获得感……"学校的课堂新样态如今是真的建构起来了,学生学习实现了由会学、到乐学,再到学会的转变,学生的关键能力、必备品格和核心价值逐渐发展起来。

学校是立德树人的主阵地,课堂是素质教育的主渠道。"素养·活动"教学改革催动了学校改革,推动实现了学校特色化发展的转型,打破了"为特色而特色"的低层次徘徊的局面,实现了基于核心素养的培养目标、课程、教学、学生、教师、评价、资源的全要素联动,使学校办学面貌焕然一新。临沂第四十中学将学校文化定位于和合文化,在小学低年段和融课程的同时,系统构建学校和合课程体系,使学校办学有了全方位和高品位的提升。

临沂沂堂中学校长父建军对这次改革感触最深,他带领团队以培养良好行为习惯为抓手,创建了方正文化,发动教师、学生和家长认真研制"基于素养活动教改的学校行动研究方案",在尊重教师传统教学习惯的同时,遴选"敢改、能改、善改"的学科带头人率先走在课改前列,以"先改"带"后改",进而推动全员参与到这场改革中。

临沂沂堂中学作为首批实验学校瞄准了制约课堂教学的关键因素,打破单纯小班授课制形式,推行小组合作学习,实行"两段三步"教学流程,促使课堂面貌发生了根本性改变,学生学习成绩有了突破性进步。

临沂第六小学语文教师张馨匀,在教学《司马光》这篇文章时,把课堂教学中对"凳"的识字活动,不自觉地与学校甲骨文课程特色结合起来,让学生耳目一新,收到了润物无声的传统文化教育效果,文化素养在小学生心中深深扎下了根。

临沂市罗庄区也和全国各地一样,基础教育改革进入深水区。历次课改成功的关键在于每一位参与者的生命觉醒和价值自觉。"素养·活动"教学改革同样如此,涉及社会的方方面面,关涉教育的各要素。只有做到各要素联动起来,相互协调、相互合作,让学生、家长、教师都动起来,才能真正使改革高质量落地。

2021 年 6 月 22 日,在课改成果经验交流会上,临沂第四十中学初中部校长崔元凤用"四个基于"概括了"素养·活动"教学改革规律和特色:基于方向,把准了国家主流和时代脉搏；基于问题，契合了学生成长思维的教学逻辑；基于需要，体现了以学定教的教改理念；基于认知，体现了学科育人的价值思考。只有认准了这场改革，坚持不懈地走下去，才会获得成就感，教师和学生才会有光辉的未来。2021年，全区高考、中考再创佳绩，实现数量、质量双丰收。考入北大、清华等名校的名优学生、本科进线等各项指标均实现历史性突破。中考成绩为历史之最，位居全市前茅。

罗庄区"素养·活动"教学改革之所以能够取得初步成功，是因为这里有一批情怀深厚、引领教改的领衔人，有一批通晓教育规律、敢于试水的践行者，有一批乐于奉献、勇于探索的改革者。罗庄区"素养·活动"教学改革已形成了许多研究成果，如这本《"素养·活动"教育论》著作。本书由5章组成：第一章"'素养·活动'教育导论"，从宏观层面简要阐述"素养·活动"教改的缘起、核心追求以及区域推进教学改革方案；第二章"'素养·活动'教育原理"，主要从学理角度对"素养·活动"教改的基本特性、科学定位、教育主张进行了比较全面的阐述；第三章"'素养·活动'教育行动研究"，主要立足新课堂样态，分别从学校、学科等两个维度展示"素养·活动"教改的行动研究方案；第四章"'素养·活动'教育推进路径"，主要讨论教改的路径、载体及区域推进"素养·活动"教学改革实验的十大任务，确保改革实验有序推进；第五章"'素养·活动'教育推进策略"，主要从策略维度阐述推进"素养·活动"教育的有效方法，从教与学方案设计到课堂操作，再到评价方式的变革，做了较为深入的分析讨论。

"素养·活动"教学改革首先得到了华中师范大学陈佑清教授的大力支持和理论指导，也得到了原中央教育科学研究所田慧生、杨莉娟二位教授的理论指导，还得到了中国教育科学研究院课程中心主任郝志军教授的鼓励，中国海洋大学出版社韩玉堂编审为本书出版付出了很大心血……在此一并致谢。同时也对课改核心组成员，以及全区中小学校长和教师的积极实验和努力表示诚挚谢意。

本书作为"素养·活动"教学改革的理论成果，是全国首次以"素养·活动"核心概念为依托的核心素养立意的课堂教学改革探索。由于本次课改是先行探索，加之作者水平有限，书中不足之处在所难免，还望读者提出宝贵意见。

崔广胜　苗成彦

2021 年 8 月